山西省哲学社会科学规划课题资助（项目号：2021YJ04

中学生体育竞赛状态愤怒研究

王　冰　著

北京体育大学出版社

策划编辑：仝杨杨
责任编辑：仝杨杨
责任校对：米　安
版式设计：李　鹤

图书在版编目（CIP）数据

中学生体育竞赛状态愤怒研究 / 王冰著. -- 北京：
北京体育大学出版社, 2024.12
ISBN 978-7-5644-3963-7

Ⅰ. ①中　Ⅱ. ①于…　Ⅲ. ①中学生 – 运动竞赛 – 体
育心理学　Ⅳ. ①G804.87

中国国家版本馆CIP数据核字(2023)第239334号

中学生体育竞赛状态愤怒研究

ZHONGXUESHENG TIYU JINGSAI ZHUANGTAI FENNU YANJIU

王　冰　著

出版发行：北京体育大学出版社
地　　址：北京市海淀区农大南路1号院2号楼2层办公B-212
邮　　编：100084
网　　址：http://cbs.bsu.edu.cn
发 行 部：010-62989320
邮 购 部：北京体育大学出版社读者服务部 010-62989432
印　　刷：三河市龙大印装有限公司
开　　本：710mm×1000mm　1/16
成品尺寸：170mm×240mm
印　　张：9.25
字　　数：170千字
版　　次：2024年12月第1版
印　　次：2024年12月第1次印刷
定　　价：68.00元

序言

  中学生体育竞赛状态愤怒研究作为青少年体育领域的重要议题，对于提高中学生在体育竞赛中的运动表现及竞赛成绩、避免竞赛冲突和体育暴力事件的发生具有一定现实意义。在中学生体育竞赛中，适度的愤怒情绪可以作为激发内在动力的刺激因素，提高中学生的警觉性，使中学生在关键时刻做出准确判断和快速反应，从而取得竞争优势。然而，过度的愤怒情绪可能导致中学生失去平和的心态，无法维持良好的竞赛状态，甚至诱发言语攻击、肢体冲突等不良行为。时至今日，愤怒情绪研究已由抽象向具体、由理论向实践、由单学科向多学科交叉过渡，研究理论与方法多样化，但是中学生在体育竞赛中的愤怒有什么样的表现和特点，什么导致中学生在体育竞赛中的愤怒等诸多问题目前并未受到足够的重视。因此，为降低体育暴力事件的发生风险，确保中学生在体育竞赛中有良好的运动表现，有必要对中学生体育竞赛状态愤怒进行更加深入的探究。

  本书作者融合心理学、体育学、管理学等多学科知识，在借鉴国外有关愤怒的理论、研究方法和测量工具的同时，充分考虑国外体育竞赛愤怒的研究在中国文化背景下的适用性问题，结合中国文化背景下的愤怒特点，开展体育竞赛愤怒的本土化研究，求同存异，探索我国中学生体育竞赛愤怒情绪的独特性。

  本书试图解答关于中学生体育竞赛状态愤怒的一些主要问题："中学生体育竞赛状态愤怒是什么？""中学生体育竞赛状态愤怒的维度和结构分别是什

么？""如何测量与评价中学生体育竞赛状态愤怒？""中学生体育竞赛状态愤怒现状如何？存在哪些差异？""中学生体育竞赛状态愤怒是如何发生的？在体育竞赛中愤怒会带来哪些影响？""如何管理运动员在体育竞赛中的愤怒？"等。这些问题的研究不仅能丰富愤怒理论，扩展运动情绪研究，而且对于中学生认识和管理自己在体育竞赛中的愤怒情绪，提高中学生在体育竞赛中的运动表现及竞赛成绩具有实践意义。

　　本书聚焦体育竞赛情境中的愤怒情绪，着力对中学生体育竞赛状态愤怒进行质性及量化研究，深入浅出地对中学生体育竞赛状态愤怒的发生过程进行阐释，力求将理论与实践相结合，同时辅以中学生体育竞赛状态愤怒典型案例，采用心理测量范式编制中学生体育竞赛状态愤怒量表，探究中学生体育竞赛状态愤怒的影响因素，并在此基础上构建中学生体育竞赛状态愤怒认知评价－反应理论，提出中学生体育竞赛状态愤怒管理措施。本书融入了作者的新思路、新观点和新理论，相较于同类著作，在理论的深度与广度上均有所延伸，是体育领域愤怒研究的新进展。

　　作为本书作者的博士研究生导师，看到她的这部书稿即将付梓，我甚是欣慰。在本书撰写过程中，作者积极探索，系统地分析了与中学生体育竞赛状态愤怒相关的重要问题，并提出了有效的解决策略，表现出了严谨的学术态度和扎实的研究能力。我相信本书能对相关领域的研究和教育实践产生影响，也期待本书作者在未来的研究中能继续为学术界贡献更多有价值的科研成果。

山西大学二级教授、博士研究生导师

石岩

2024年8月

前言

什么是愤怒？谈及愤怒，人人皆有。愤怒是一种正常的、天然的人类情绪，是一种受到外在强烈刺激后产生的负性情绪。愤怒因易导致攻击行为，又被认为是具有破坏力的情绪之一，会给人们带来灾难性的后果。这使得人们常常害怕愤怒，不能正确地认识和表达愤怒。但是，愤怒绝不等于攻击行为，也绝不总是无价值的。鲁迅先生曾言："勇者愤怒，抽刃向更强者；怯者愤怒，却抽刃向更弱者。"对于尚处于青春期的中学生来说，他们既是"勇者"，也是"怯者"，他们的愤怒可能比成人更"汹涌澎湃"，更易引发冲突敌对、打架斗殴、暴力攻击等问题。体育竞赛作为社会安全阀系统之一，在为中学生提供释放压力、宣泄负性情绪的安全场域的同时，也为他们提供了更多引起愤怒应激的刺激和升级愤怒的条件。中学生在体育竞赛中的愤怒情绪究竟是什么引起的，都有哪些表征，对中学生有何影响？这引发了我对中学生在体育竞赛中愤怒问题的思考。

《中学生体育竞赛状态愤怒研究》是我国第一本关于青少年体育竞赛愤怒方面的学术著作，共分为8章：第1章为导论，探讨了研究背景、体育竞赛愤怒研究概述、体育竞赛愤怒研究现状、研究目的与意义及研究设计等；第2章为研究对象与研究方法，介绍了本研究的研究对象及所使用的各种研究方法；第3章为中学生体育竞赛状态愤怒的个案研究，即在解释现象的基础上，通过个案研究明确中学生体育竞赛状态愤怒的内涵及外延；第4章为中学生体育竞赛状态愤怒量表的编制与施测，即采用心理测量范式，首先自编中学生体育竞赛状态愤怒应激源分量表、认知评价分量表、愤怒反应分量表及愤怒表达分量表，然后对中学生体育竞赛状态愤怒完整量表进行检验；第5章为中学生体育竞赛状态愤怒的实证研究，通过进行中学生体育竞赛状态愤怒的人口统计学分析和影响因素的帕累托分析，探究中学生体育竞赛状态愤怒的现状和影响因素；第6章为中学生体育竞赛状态愤怒结构模型检验及理论构建，通过构建和验证中学生体育竞赛状态愤怒结构模型，提出中学生体育竞赛状态愤怒认知评价-反应理论，以解释中学生体育竞赛状态愤怒的发生过程；第7章为中学生体育竞赛状态愤怒管理，从赛前、赛中和赛后3个方面提出中学生体育竞赛状态愤怒的管理策略和方法；第8章为结论，综合研究结果提出本研究的核心观点。

　　本研究共完成了5个主题的子研究：①中学生体育竞赛状态愤怒的个案研究；②中学生体育竞赛状态愤怒量表的编制与施测；③中学生体育竞赛状态愤怒的实证研究；④中学生体育竞赛状态愤怒结构模型检验及理论构建；⑤中学生体育竞赛状态愤怒管理。其中，《中学生体育竞赛愤怒的个案研究：基于解释现象学分析》在《体育与科学》2016年第37卷第4期上发表；《中学生体育竞赛状态愤怒量表的编制与施测》在2019年10月第六届全国体育锻炼与心理健康学术会议上被录取为口头报告；以"中学生体育竞赛状态愤怒结构模型检验及理论构建"为主题的《中学生体育竞赛状态愤怒的心理机制研究》在2019年10月《第二十二届全国心理学学术会议摘要集》上发表。

　　总而言之，本研究对于丰富中学生对体育竞赛中愤怒的认知、完善竞赛愤怒水平的测评、提高中学生对愤怒情绪的管理能力、避免竞赛冲突和体育暴力事件的发生具有一定的理论意义和应用价值，能为运动情绪理论的完善和发展"添砖加瓦"。

CONTENTS 目录

1 导论

1.1 研究背景

愤怒是一种外在强烈刺激所引起的人因对客观事物不满而产生的一种负性情绪反应[1]。"急则有失，怒中无智"，外界的刺激可以使人的正常情绪产生波动，使人愤怒，使人激发出更强的攻击性。如果一个人控制不了自己的情绪，便会失去理智，做出无法控制、不计后果的事情。调查研究显示，很多恶性案件是愤怒后的过激行为导致的。由于体育竞赛具有突出的社会功利性、比赛结果的不确定性以及紧张激烈的竞争性，运动员可能在参赛过程中产生愤怒情绪。例如，在比赛形势严峻、获胜欲望受阻时，运动员表现出爆发的、被激惹的强烈情绪；竞争对手过激的言辞、表情或运动表现"刺痛"了我方运动员，在进攻态势上对我方屡屡构成威胁时，我方运动员易产生对对手的愤怒情绪；裁判不公、偏袒对方，使我方处于不利局势时，我方运动员可能产生指向裁判或相关方面的愤怒情绪。愤怒情绪的产生往往与自尊心受伤害相联系，如果不适时调整和控制，易导致狂热情绪状态，诱发不当的攻击行为[2]。

中学生处于高度情绪化的青春期，他们过度敏感和过分自尊，比成年人更容易感到尴尬、紧张，比儿童更加喜怒无常[3]。他们的情绪是强烈的、不稳定的，常具有不可遏制性，而且他们理性控制情绪的能力较弱，容易一言不合就

---

[1] 张殿国. 情绪的控制和调节 [M]. 上海：上海人民出版社，1985.
[2] 孟昭兰. 情绪心理学 [M]. 北京：北京大学出版社，2005.
[3] 阿内特. 阿内特青少年心理学 [M]. 段鑫星，等译. 北京：中国人民大学出版社，2009.

情绪失控，怒不可遏甚至拳脚相向，强烈的情绪可能给其自身及他人带来很大的危害[1]。阿内特认为，青少年的情绪情感反应由心而生，非头脑反应，尚不能像成年人那样用理性的方式处理自己的情绪[2]。对于中学生而言，管理其愤怒情绪更为困难，尤其是在紧张、激烈，又具有竞争性和对抗性的体育竞赛中，其行为常伴随攻击性[3]。例如，2010年10月7日，在山西省中学生篮球锦标赛半决赛中，一起背后犯规导致一名运动员骨折，引起队友和观众的极度不满与愤怒，进而引发群殴。2013年9月10日，昭通市某中学发生一起校园球场群殴事件，起因是某同学打篮球时被踩到脚，认为对方是故意所为且无道歉而恼怒，冲动之下叫人引发群殴。在体育竞赛中，对手动作粗野、裁判错判、漏判或有意偏袒，队友不配合、发挥失常、观众谩骂或干扰等刺激都可能引起运动员的愤怒[4,5]，继而对运动员的生理、心理、运动技术正常发挥及比赛的正常进行产生不良影响，如产生焦虑或恐惧情感、增强敌意、破坏人际关系、影响团队凝聚力、影响比赛进行、导致技术动作变形、失误增多、影响成绩等，还会直接导致体育暴力行为的出现。因此，帮助中学生正确认识和有效管理其在体育竞赛中的愤怒情绪十分必要。

　　国外已有愤怒对运动员运动表现的影响以及如何管理运动员的愤怒情绪的研究[6]，而国内对体育竞赛愤怒的研究则涉及较少。国内关于运动中的情绪问题，研究更多地关注竞技运动中的运动员焦虑、运动情绪调节、运动应激和唤醒、竞赛中的Chocking现象（运动心理学界将运动员在重大比赛中技术发挥失常的现象称为Chocking现象，并将其定义为在压力条件下一种习惯的运动过程发生衰变的现象，有人也称之为"反胜为败"现象）和流畅体验等，以及群众体育中体育锻炼对抑郁和焦虑的改善等。运动负性情绪对运动表现、成绩获得以及人际关系等有很大影响，但运动焦虑等不足以解释运动中的所有情绪问题。愤怒作为一种

[1] 吕勇. 做情绪的主人 [M]. 天津：百花文艺出版社，2009.

[2] 阿内特. 阿内特青少年心理学 [M]. 段鑫星，等译. 北京：中国人民大学出版社，2009.

[3] FIVES C J, KONG G, FULLER J R, et al. Anger, aggression, and irrational beliefs in adolescents[J]. Cognitive therapy and research, 2011, 35（3）：199–208.

[4] 胡耿丹，林小兵，蒋吉频. 制怒对运动员正常发挥技术水平必要性的探讨 [J]. 广州体育学院学报，1992（2）：60–63.

[5] OMLI J, LAVOI N M. Emotional experiences of youth sport parents I：anger[J]. Journal of applied sport psychology, 2012, 24（1）：10–25.

[6] ABRAMS M. Anger management in sport：understanding and controlling violence in athletes[M]. Champaign, IL：Human Kinetics, 2010.

十分重要的情绪，在体育运动中尤其是在体育竞赛中有什么样的表现和特点，其维度和结构如何，是什么导致运动员在竞赛中愤怒，在体育竞赛中愤怒会带来哪些影响，如何管理运动员在体育竞赛中的愤怒等诸多问题目前并未受到足够的重视，在现有研究中，体育竞赛愤怒多被认为是引起攻击行为或引发体育暴力事件的直接导火索。相较于愤怒的前因后果，人们更倾向于关注攻击行为和暴力行为本身。随着愤怒对运动员体育竞赛的影响日益凸显和研究的不断深入，开展体育竞赛愤怒研究既是对体育运动情绪研究的补充，也是体育运动情绪研究发展的一个重要趋势，有助于运动员合理、有效地调控自身在体育运动中出现的愤怒情绪，提高对情绪的管理能力，增强运动表现，避免冲突和攻击行为的发生，降低体育暴力事件发生的概率。

1.2　体育竞赛愤怒研究概述

下面通过对国内外体育竞赛愤怒相关研究的梳理，从体育竞赛愤怒的概念界定、相关理论、维度与测评及其管理等方面对体育竞赛愤怒的相关研究进行概述。

1.2.1　体育竞赛愤怒的概念界定

体育竞赛中的愤怒情绪，即在体育竞赛中个体的愤怒状态，反映出一种体育竞赛情境中愤怒的内心体验或愤怒的行为表现。

愤怒情绪自19世纪中叶开始受到心理学家的广泛关注，因界定的角度不同，对愤怒的定义也未统一。体育竞赛愤怒是由愤怒衍生出的新概念，对它的界定应包含愤怒这一概念的共性。从性质角度来看，愤怒不仅是一种情绪体验，还是一种稳定的人格特质[1]；从诱因角度来看，愤怒是生理反应、认知评价、情绪体验、行为反应交互作用的结果[2]；从过程角度来看，愤怒的过程包括前置事件、认知评价、激起状态及表达方式；从功能角度来看，愤怒是个体评估错误所引发的反应，目的是针对错误做出修正，使行为不自觉地维持在可被外界接受的标准

[1] SPIELBERGER C D, REHEISER E C, SYDEMAN S J. Measuring the experience, expression, and control of anger[J]. Issues in comprehensive pediatric nursing, 1995, 18（3）：207-232.
[2] NOVACO R W. Anger control: the development and evaluation of an experimental treatment[M]. Lexington: Rowman & Littlefield, 1975.

内[1]。此外，对体育竞赛愤怒的界定还应包含不同于愤怒的特性，即体育竞赛情境。与其他情境中的愤怒不同，体育竞赛愤怒同参与体育竞赛有关，其刺激因素具有明显的情境性，如取胜意愿或行为受阻[2]、对对手的敌意归因[3]、权益受损[4]等。对体育竞赛愤怒的界定，一些学者倾向于从体育暴力角度来描述愤怒的现象，但就愤怒的发生、发展过程而言，体育竞赛愤怒应反映愤怒的过程，而不只是愤怒的结果。因此，从这个意义上来讲，体育竞赛愤怒可界定为，个体在体育竞赛情境中受到外在刺激而产生一系列认知评价后所表现出的一种强烈的情绪体验和行为表现。

关于体育竞赛愤怒的体验，人们普遍认为，运动中的愤怒是一种暂时的情绪状态，而 Spielberger 等指出，愤怒不仅是一种情绪状态，还是一种相对稳定的人格特质[5]。例如，某篮球运动员在激烈的比赛中，有时会因对手的恶意犯规而感到愤怒，这是一种状态性愤怒，即运动员对当时特定情境的感知所诱发的暂时的愤怒状态。再如，某运动员在运动中经常会因他人的干扰而感到愤怒，这种愤怒则是该运动员在相似情境中一种典型的、重复的情绪反应，是一种特质性愤怒，反映某个体在某种体育竞赛情境中易于感觉到的愤怒的总体倾向，是一种相对稳定的情绪体验。

体育竞赛愤怒的行为表现多指在体育竞赛中对愤怒的表达，其指向包括愤怒外投、愤怒内投和愤怒控制。愤怒外投是个体向体育竞赛情境中的周围环境或他人表达愤怒的程度，它与攻击行为相关，是一种趋近动机方向[6]，如对手恶意阻挡、干扰得分、动作幅度过大、挑衅、威胁、出言不逊以及裁判的错判、漏判，使个体感受到正在被伤害，而将怒气瞬间以言语攻击或肢体攻击的形式发泄到伤害自己的人身上，常伴有报复之意，抑或将愤怒情绪指向体育竞赛情境中的球、球拍、球网、挡板、墙面、地面等器材或场地设施。研究表明，高水平的愤怒外

[1] QUIGLEY B M, TEDESCHI J T. Mediating effects of blame attributions on feelings of anger[J]. Personality and social psychology bulletin, 1996, 22 (12): 1280-1288.
[2] 蔡秀玲，杨智馨. 情绪管理 [M]. 合肥：安徽人民出版社，2001.
[3] SCHERER K R, WALLBOTT H G. Evidence for universality and cultural variation of differential emotion response patterning[J]. Journal of personality and social psychology, 1994, 67 (1): 55.
[4] OMLI J, LAVOI N M. Emotional experiences of youth sport parents I: anger[J]. Journal of applied sport psychology, 2012, 24 (1): 10-25.
[5] SPIELBERGER C D, REHEISER E C, SYDEMAN S J. Measuring the experience, expression, and control of anger[J]. Issues in comprehensive pediatric nursing, 1995, 18 (3): 207-232.
[6] 杜蕾. 愤怒的动机方向 [J]. 心理科学进展，2012，20 (11): 1843-1849.

投可能是控制愤怒的障碍之一[1]。愤怒内投则与防御行为相关，是一种回避动机方向[2]，通常表现为当运动员未能完成动作，或者无法达到既定的比赛目标，又或者出现Chocking现象时，对自己产生愤怒情绪，但不愿将怒火向他人或周围环境发泄，便压抑愤怒或抑制愤怒。愤怒控制是个体在体育竞赛情境中有意识地控制愤怒或减少愤怒，反映在认知上是对愤怒的控制能力。就同一个体而言，愤怒表达具有稳定性，且愤怒内投在达到一定临界点时可以向愤怒外投转换[3]。

1.2.2 体育竞赛愤怒的相关理论

现有的心理学文献中还没有专门的理论来系统解释体育竞赛愤怒，使得关于体育竞赛愤怒的理论还需要通过经典愤怒理论进行解释。

愤怒的理论研究最早可追溯到19世纪中叶达尔文学说中关于愤怒表情的生物学意义。近百年随着不同学派、不同理论的形成与发展，情绪理论逐渐成熟，愤怒作为一种特殊的情绪，其理论也随之得到了发展。

愤怒的生理学理论中，詹姆斯－兰格情绪理论（James-Lange theory of emotion）是最早从生理学角度解释情绪的理论，后来发展出情绪的激活理论，主张情绪是生理唤醒和神经系统激活的结果[4]。Wenger进一步对愤怒情绪进行解释，他认为愤怒涉及交感神经和副交感神经两个系统，并对唾液、汗腺分泌和外周血液循环产生影响。Lindsley的激活理论认为，愤怒情绪的产生是刺激与反应的联结，同样的刺激会引起同样的情绪反应。

认知－新联结主义模型认为，愤怒是由不愉快事件或厌恶情境促成的，即使没有任何人可以作为发怒的对象，太热、感觉拥挤、疼痛等也会激起愤怒[5]。

状态－特质愤怒理论认为，愤怒既是一种情绪状态的愤怒（状态性愤怒），也是一种更稳定的特质性愤怒[6]。状态性愤怒是个体在特定时刻体验到的愤怒感觉，有烦恼、愤怒、恼怒、暴怒等不同的强度表现，并伴随着生理上自主神经系

[1] ZIMPRICH D，MASCHEREK A. Anger expression in Swiss adolescents：establishing measurement invariance across gender in the AX scales[J]. Journal of adolescence，2012，35（4）：1013-1022.
[2] 杜蕾.愤怒的动机方向[J].心理科学进展，2012，20（11）：1843-1849.
[3] 邵阳，谢斌，张明岛."状态－特质愤怒"理论概念及其临床研究现状[J].上海精神医学，2010，22（2）：109-111.
[4] JAMES W. What is an emotion?[J]. Mind，1884，9（34）：188-205.
[5] BERKOWITZ L. On the formation and regulation of anger and aggression. A cognitive-neoassociationistic analysis[J]. American psychologist，1990，45（4）：494-503.
[6] MOSCOSO M S，SPIELBERGER C D. Measuring the experience，expression and control of anger in Latin America：the Spanish multi-cultural state-trait anger expression inventory[J]. Interamerican journal of psychology，1999，32（2）：29-48.

统的激活反应，包括肌肉紧张，心率、呼吸加快与血压升高[1]。特质性愤怒是个体对各种刺激因素做出反应时更容易体验到状态性愤怒的倾向和易于体验到各类挫折和恼火情境的特质。Spielberger 等指出，特质性愤怒水平较高的个体容易在各种情境中感到被激怒，因此更容易体验到状态性愤怒。如果说状态性愤怒和特质性愤怒是愤怒体验，那么愤怒表达则是个体处理体验到的愤怒的方式，是一种表达愤怒的倾向性[2]。愤怒表达与诱发愤怒的情境、状态性愤怒的强度及个体的特性有关，在不同的条件下个体可能会选择不同的表达方式，但就同一个体而言，愤怒表达具有稳定性。Spielberger 的状态-特质愤怒理论为状态-特质愤怒表达量表（state-trait anger expression inventory，STAXI）的研制奠定了坚实的理论基础。

认知行为理论认为，愤怒是一种对刺激的习得反应，取决于个体对事件的认识[3]，错误或歪曲的认知对唤醒愤怒情绪有着一定的作用。埃利斯等认为，如果个体知道如何察觉并控制自己的想法，就可以减轻具有毁灭性的愤怒情绪[4]。他们提出的情绪 ABC 理论认为，人的情绪是由经历这一事件的人对这一事件的解释和评价引起的，而非某一诱发事件本身，强调改变认知，从而改变情绪和行为。ABC 理论中，A 是诱发事件（activating event），B 是个体在遇到诱发事件后相应而生的信念（belief），C 是情绪或行为结果（consequence）。首先，个体对经历的不公平的事情（A）而愤怒（C），然后很快明白是非理性信念（B）导致 C 而不是 A 导致 C。基于情绪 ABC 理论的理性情绪疗法和认知疗法已在过去 50 多年中成功应用于处理和控制愤怒情绪。

最近，愤怒情绪的进化功能得到了进一步揭示。愤怒的承诺装置理论认为，愤怒在功能层面上与他人违反社会交往中的公平互惠规范有关[5]。不少研究者认为，愤怒情绪与社会交往中的个人权利、自由以及公平正义的道德关切有关[6]，违反这些道德关切的行为会引发愤怒，而愤怒也会特异性地影响对违反这些道

[1] 邵阳，谢斌，张明岛. "状态-特质愤怒"理论概念及其临床研究现状 [J]. 上海精神医学，2010，22（2）：109–111.

[2] SPIELBERGER C D，SYDEMAN S J. State-trait anxiety inventory and state-trait anger expression inventory[M]// MARUISH M E. The use of psychological testing for treatment planning and outcome assessment. Hillsdale：Lawrence Erlbaum Associates，2004：292–321.

[3] 李江雪. 大学生情绪管理与辅导 [M]. 北京：北京师范大学出版社，2010.

[4] 埃利斯，塔夫瑞特. 控制愤怒 [M]. 林旭文，译. 北京：机械工业出版社，2014.

[5] TRIVERS R L. The evolution of reciprocal altruism[J]. The quarterly review of biology，1971，46（1）：35–57.

[6] KELTNER D，HAID J，SHIOTA M N. Social functionalism and the evolution of emotions[M]// SCHALLER M，SIMPSON J A，KENRICK D T. Evolution and social psychology. New York：Psychology Press，2006：115–142.

德关切行为的道德判断[1]。许多证据表明，愤怒不只与伤害行为的归因有关，也与责任的判断有关[2]，受到行为意图的影响[3]。面对同样的伤害行为，研究者发现，不同的伤害结果（没有伤害、伤害他人、伤害自我）影响人们的道德愤怒体验[4]。该理论还指出，愤怒可能具有维持合作与互惠的进化功能。Edwards 和 Fessler 等认为，愤怒是以威慑或施加伤害的方式惩罚在社会交往中剥削自己的同伴，减少他们通过侵犯自己而获得的利益。Daly 和 Wilson 研究发现，个体对待被损害、被侵犯的愤怒反应越激烈，这种威慑作用就越强烈。愤怒针对的不只是当前侵犯自己的个体，还必须威慑其他可能有意向损害自己的社会成员，因此，愤怒常常具有过度反应的特点。愤怒者会以非理性的、忽视眼前代价的方式针对他人的损害做出强烈反击，从而有效地减少他人对自己的剥削，威慑对自己有损害意图的他人[5,6]。

除上述经典愤怒理论之外，体育竞赛愤怒还强调了愤怒的情境性。Vygotsky 认为，情绪反映了过去、现在和将来的个体与环境相互作用的特征。这一观点被用于研究运动中的表现和情绪，其中，运动任务要求和个体资源之间的关系被用于解释运动中情绪的发生。Hanin 进一步提出，不同运动情境中（如赛前、赛中和赛后）的愤怒体验形式、内容和强度不同，并不断变化。诱发情境的方式决定了情绪的特殊性质，因此，运动过程中运动员的愤怒体验及情绪效应分析应结合特定的情境。Omli 和 Lavoi 研究发现，66.8% 的父母在青少年运动中体验到愤怒通常与以下情境有关，如裁判或教练员对运动员不公正的对待、裁判的不称职、教练员的 "无能" 以及教练员对运动员的漠不关心（如鼓励运动员违反体育道德的行为、辱骂运动员）等[7]。

每一种愤怒的理论都有其适用性和优点，但能否直接作为体育竞赛愤怒的理

[1] HORBERG E J, OVEIS C, KELTNER D. Emotions as moral amplifiers: an appraisal tendency approach to the influences of distinct emotions upon moral judgment[J]. Emotion review, 2011, 3（3）: 237-244.
[2] GOLDBERG J H, LERNER J S, TETLOCK P E. Rage and reason: the psychology of the intuitive prosecutor[J]. European journal of social psychology, 1999, 29（5/6）: 781-795.
[3] RUSSELL P S, GINER-SOROLLA R. Moral anger, but not moral disgust, responds to intentionality[J]. Emotion, 2011, 11（2）: 233-240.
[4] GUTIERREZ R, GINER-SOROLLA R. Anger, disgust, and presumption of harm as reactions to taboo-breaking behaviors[J]. Emotion, 2007, 7（4）: 853-868.
[5] FRANK R H. Passions within reason: the strategic role of the emotions[M]. New York: Norton, 1988.
[6] NESSE R M. Evolution and the capacity for commitment[M]. New York: Russell Sage Foundation, 2001.
[7] OMLI J, LAVOI N M. Emotional experiences of youth sport parents I: anger[J]. Journal of applied sport psychology, 2012, 24（1）: 10-25.

论还有待论证。一方面，经典愤怒理论是对愤怒现象和愤怒问题最为普遍、客观的解释，适用于各类愤怒研究，体育竞赛愤怒亦然；另一方面，要对机械地将经典愤怒理论"生搬硬套"到体育竞赛愤怒理论上的适用性、合理性和时效性提出疑问。单纯地"拿来"，会限制新理论的提出，难以推动经典理论向前迈进。

因此，已有的经典愤怒理论可以对体育竞赛愤怒的普遍性问题进行共性解释，但较难直接解释体育竞赛愤怒情境的特殊性，或者说直接用经典愤怒理论解释体育愤怒情境的适用性还有待考证。

1.2.3 体育竞赛愤怒的维度与测评

1.2.3.1 体育竞赛愤怒的维度

长期以来，国内外许多研究者对愤怒的维度进行了探讨。从单维的角度来看，愤怒是一种情绪体验。Spielberger 等以状态–特质愤怒理论为基础，提出了愤怒的二维结构，认为愤怒由状态性愤怒和特质性愤怒两个维度构成，之后他又增加了愤怒表达维度，形成了愤怒的三维结构。目前的研究大多认为愤怒是一个多维结构的定义，包括生理（交感神经觉醒、激素/神经递质功能）、认知（非理性信念、自动化思维）、反应（愤怒的主观感受和情绪标签）和行为（面部表情、言语、行为愤怒表达策略）四个变量。Novaco 认为愤怒包括唤醒领域、行为领域以及认知领域[1]；Kassinove 等将愤怒分为刺激、评价/认知、主观体验、生理反应和行为表达等维度[2]；Russell 指出，愤怒不仅包括情绪体验，还包括愤怒的认知和表达方式[3]；Smith 等认为愤怒的行为因素包括积极的行为和消极的行为两种[4]；Eckhardt 等提出，愤怒的社会构成模型把愤怒分为经历、生理、认知三个维度[5]；之后，Edmondson 等在愤怒的社会构成模型的基础上增加了愤怒的行为维度，提出愤怒的多维度联合模型，认为愤怒是由经历、生理、认知和行为多维联合组成的。因此，愤怒应是一种多维的情绪，不仅包括愤怒的情绪体验，还包

[1] NOVACO R W. Anger control：the development and evaluation of an experimental treatment[M]. Lexington：Rowman & Littlefield，1975.
[2] KASSINOVE H，SUKHODOLSKY D G，TSYTSAREV S V，et al. Self-reported anger episodes in Russia and America[J]. Journal of social behavior and personality，1997，12（2）：301–324.
[3] RUSSELL J A. Core affect and the psychological construction of emotion[J]. Psychological review，2003，110（1）：145–172.
[4] SMITH C A，KIRBY L D. Appraisal as a pervasive determinant of anger[J]. Emotion，2004，4（2）：133–138.
[5] ECKHARDT C，NORLANDER B，DEFFENBACHER J. The assessment of anger and hostility：a critical review[J]. Aggression and violent behavior，2004，9（1）：17–43.

括对激发愤怒情境的认知和行为反应等。由于体育竞赛愤怒是一个较新的概念，其维度和结构在现有研究中还尚未明确，但已有的对于愤怒的维度和结构的研究能够为体育竞赛愤怒的维度和结构的确立提供很好的借鉴。

1.2.3.2 体育竞赛愤怒的测量

科学研究往往依赖精准的测量，但对情绪进行准确的测量是困难的，愤怒的研究成果的质量取决于测量方法的优劣。目前，用于测量愤怒的方法主要有心理测量法、实验法、内隐测量法、生理测量法和口头报告法等。其中，以心理测量法和实验法的使用较为突出。

（1）心理测量法。

心理测量法主要通过心理量表对愤怒进行测评。国内外常用愤怒量表见表1-1。自评量表是心理学研究的工具之一，众多研究者希望能从编制的自评量表中捕捉到某种情绪。然而事实上却存在一些问题，如愤怒自评量表，研究者往往追求高的表面效度；愤怒被试自我报告测评结果与其实际行为表现不一致；愤怒自评量表即使能够测量状态性愤怒和特质性愤怒，但如果不是在被试感到愤怒时测量，其测量结果也并不能准确地反映真实的愤怒强度。尽管如此，愤怒自评量表也是目前最标准的测量工具[1]。

表 1-1　国内外常用愤怒量表

编制者（年）	量表名称	维度或分量表
Novaco（1975）	Novaco 激怒量表（provocation inventory，PI）	愤怒反应强度、愤怒反应类型
Siegel（1986）	多维愤怒量表（multidimensional anger inventory，MAI）	愤怒内投、愤怒外投、愤怒等级、愤怒频率
Hoshmand 和 Austin（1987）	多因素认知 - 行为愤怒控制量表（multifactor cognitive-behavioral anger control inventory）	愤怒刺激、愤怒反应
Butcher 和 Graham（1989）	MMPI-2 愤怒量表（MMPI-2 anger scale，ANG）	愤怒体验、愤怒表达
Novaco（1994）	Novaco 愤怒量表（Novaco anger scale，NAS）	认知、激惹刺激和行为
Snell 等（1995）	临床愤怒量表（the clinical anger scale，CAS）	最小临床愤怒、轻微临床愤怒、中等临床愤怒和严重临床愤怒

[1] ABRAMS M. Anger management in sport：understanding and controlling violence in athletes[M]. Champaign，IL：Human Kinetics，2010.

编制者（年）	量表名称	维度或分量表
Spielberger（1999）	状态－特质愤怒表达量表－2（state-trait anger expression inventory-2，STAXI-2）	状态性愤怒、特质性愤怒和愤怒表达
Sukhodolsky、Golub 和 Cromwell（2001）	愤怒反思量表（anger rumination scale，ARS）	愤怒记忆、复仇的想法、愤怒的想法和原因的理解
Maxwell 和 Moores（2007）	竞赛攻击性和愤怒量表（competitive aggressiveness and anger scale，CAAS）	攻击行为、愤怒
刘宁和刘华山（2008）	愤怒自评量表	状态性愤怒、特质性愤怒和愤怒表达
Maxwell、Sukhodolsky 和 Sit（2009）	中文状态－特质愤怒表达量表（Chinese state-trait anger expression inventory，STAXI-C）	状态性愤怒、特质性愤怒和愤怒表达
Mendoza、Bello 和 Pozo（2012）	对抗性运动愤怒观念量表（scale of beliefs about anger in combat sports）	愤怒表达、攻击性感知、愤怒对取胜的必要性和挫败感

在诸多愤怒量表中，状态－特质愤怒表达量表曾多次被用于体育运动研究。尽管状态－特质愤怒表达量表不是针对运动员制定的，但其效用在体育领域中被扩展，它不仅能够描述个体的愤怒情绪，而且能够为运动心理学家提供个体愤怒管理的倾向。心理状态剖面图（profile of mood states，POMS）并非专门的愤怒量表，愤怒只是它的分量表之一，但它是一种研究情绪状态、评价运动员潜能、预测运动成绩以及研究情绪与运动效能之间关系的很好的工具[1]。其他与体育竞赛有关的愤怒量表，如竞赛攻击性和愤怒量表[2]被用来测量体育竞赛中的攻击倾向和愤怒，但它只能提供一个对体育竞赛中的愤怒情绪和攻击行为的不完整理解，它更倾向于测量体育竞赛中的攻击行为，愤怒只是攻击的动机。就研究的共性而言，这三个量表可以很好地测量体育竞赛愤怒同其他类型愤怒相似的普遍性问题，而就研究的特殊性而言，它们却忽略了体育竞赛情境的特殊性和突发性，以及中西方的文化差异。不同的愤怒量表共同存在的价值在于每个量表只适用于一种特定的研究目的，体育竞赛情境中的愤怒既有其共性，也有其特殊性，因此，需要针对体育竞赛愤怒研究编制出可有效运用于体育竞赛情境的本土化的愤

---

[1] 祝蓓里.POMS 量表及简式中国常模简介 [J]. 天津体育学院学报，1995（1）：35-37.
[2] MAXWELL J P，MOORES E. The development of a short scale measuring aggressiveness and anger in competitive athletes[J]. Psychology of sport and exercise，2007，8（2）：179-193.

怒测量工具。

（2）实验法。

实验法研究愤怒情绪主要是采用各种方法诱导个体产生愤怒情绪。从目前的研究水平来说，对体育竞赛中某个个体愤怒情绪的真实反映，尤其是对愤怒的体验状况进行测量，存在着一定的难度。由于体育竞赛过程中引起愤怒的原因可能是当时特殊情境下的某种刺激，这时愤怒情绪的爆发是突发的、瞬时的、无法复制的，很难使用心理量表直接进行测量。因此，传统的心理测量法和测量工具对于体育竞赛愤怒研究可能并不完全适用。实验室诱导愤怒情绪的方法则弥补了心理测量法的不足，将愤怒的情境巧妙地移至实验室，可控制，且可重复。

目前，影片诱导法、经历回忆法、故事情境法和挫折诱导法是实验室诱导愤怒情绪的主要方法。影片诱导法是常用的一种情绪诱导方法，是从视听角度，通过动态的画面给被试呈现一个接近现实生活或被试熟悉的情境。该方法通过情节和人物的表现能够很好地吸引被试的注意，使被试卷入或体验到一定程度的目标情绪[1]。经历回忆法是指在实验中让被试回忆最近一段时间内使自己产生强烈愤怒情绪的事件，并用摄像机记录被试的面部表情变化，然后对被试的面部表情进行编码分析[2]。研究表明，球迷对发生在自己身上的愤怒事件的回忆能够诱发他们的愤怒[3]，而带有侮辱性的广播或文字也容易引发其愤怒情绪。故事情境法是给被试呈现一段包含愤怒情境的故事，要求被试在阅读故事的过程中，尽量想象故事发生在自己身上，阅读结束后记录阅读时间，要求被试报告自己的情绪。听录音是故事情境法的一种变式[4]。挫折诱导法是给被试安排一定的任务，在被试完成任务的过程中或完成任务后，提供批评性、指责性的反馈或否定其任务完成情况，使被试受挫折进而激发被试的愤怒情绪。Mauss等的研究表明，通过挫折诱导，诱导后同诱导前相比被试报告了更多的愤怒[5]。

实验法虽然可以将当时体育竞赛情境中的愤怒体验尽可能地复制于实验中，

[1] GROSS J J，LEVENSON R W. Emotion elicitation using films[J]. Cognition and emotion，1995，9（1）：87–108.
[2] MAGAI C，HUNZIKER J，MESIAS W，et al. Adult attachment styles and emotional biases[J]. International journal of behavioral development，2000，24（3）：301–309.
[3] ABRAMS M. Anger management in sport：understanding and controlling violence in athletes[M]. Champaign, IL：Human Kinetics，2010.
[4] BOND A J，VERHEYDEN S L，WINGROVE J，et al. Angry cognitive bias，trait aggression and impulsivity in substance users[J]. Psychopharmacology，2004，171（3）：331–339.
[5] MAUSS I B，COOK C L，GHENG J Y J，et al. Individual differences in cognitive reappraisal：experiential and physiological responses to an anger provocation[J]. International journal of psychophysiology，2007，66（2）：116–124.

使得愤怒个体的愤怒感觉和生理反应可直接观测和量化，但是，体育竞赛愤怒的现场环境复杂，引起愤怒的原因多样，在实验室中无法完全还原，这使得实验法测试结果与体育竞赛愤怒个体当时的真实感受可能存在误差，外部效度可能较低。

（3）内隐测量法。

内隐测量法是从相关的行为中推测情绪或记忆等，而不是直接去测量它们。内隐测量法非常灵敏，对于倾向于愤怒的人，与愤怒和攻击性有关的词语更彻底地捕获了他们的注意，使其反应增强。在主题点探测任务和视觉搜索任务中，任务的主要思想是愤怒性词语可能会分散有愤怒特质的被试的注意力，使其反应变慢[1]。

（4）生理测量法。

在神经生理学上，愤怒的产生是多水平整合的结果，涉及广泛的神经生理生化活动。有机体在愤怒状态下会出现许多生理反应，运用各种生理记录仪记录其反应的变化，以作为愤怒活动的客观指标，如心率、呼吸、血压和脑电波等[2]。

（5）口头报告法。

口头报告法是让运动员谈论自身的愤怒情绪并引起重视，这种方法很容易使运动员形成对情绪的自我监控[3]。使用该方法可以使运动员和运动心理学家很好地掌握引发运动员愤怒的情境和状况，是体育竞赛愤怒管理过程中极为重要的一步。

1.2.3.3 体育竞赛愤怒的评价

愤怒有其特有的强度和方向，可通过体育竞赛愤怒的强度和方向对愤怒进行评价。

（1）体育竞赛愤怒的强度。

体育竞赛愤怒体验在强度上有不同等级（由弱到强）的变化，如从轻微的不满、生气、愠怒、激怒到大怒、暴怒，通常是状态性愤怒。愤怒的强度越大，自我被愤怒情绪卷入的程度越深[4]，高水平的愤怒可导致反应性攻击。持续升高的

---

[1] 施塔，卡拉特 . 情绪心理学：第 2 版 [M]. 周仁来，等译 . 北京：中国轻工业出版社，2015.
[2] 吉尔·布洛克斯汉姆 . 熄灭你的怒火 [M]. 扈喜林，译 . 北京：人民邮电出版社，2014.
[3] ABRAMS M. Anger management in sport：understanding and controlling violence in athletes[M]. Champaign，IL：Human Kinetics，2010.
[4] 陈少华 . 情绪心理学 [M]. 广州：暨南大学出版社，2008.

愤怒还可作为判断双相障碍的特征，而且愤怒的积极体验对于严重双相障碍患者来说可能是致命的[1]。研究表明，随着运动员愤怒的增强，其认知加工速度下降，动作更协调，对疼痛的敏感度较低，肌肉力量增强，所以运动员在做一些任务时，愤怒可能是有益的，但对于另一些任务，愤怒则可能是阻碍。因此，当谈论体育竞赛中愤怒管理的最佳性能时，并不总是让运动员有礼貌和镇静，而是培养他们根据任务的需要调节自己情绪的能力。

（2）体育竞赛愤怒的方向。

评价愤怒的方向或倾向性，对于成功预防和临床治疗愤怒引发的心脏衰竭是有必要的[2]。关于愤怒的方向有两种假说，即特异性假说和愤怒表达假说。特异性假说认为，愤怒可分为非特异性成分和特异性成分，具有趋近和回避两个方向，但该假说缺乏预测力，难以通过外部指标衡量[3]。愤怒表达假说认为，愤怒的动机方向发生在愤怒表达阶段。愤怒外投是一种趋近动机方向，与攻击行为相关，而攻击就是一种趋近行为。愤怒内投则是一种回避动机方向，与防御行为相关。一般情况下，愤怒具有趋近动机方向，而在某些特定情境下，愤怒也可能是一种回避动机方向，但如何清晰地理解愤怒的动机方向，尤其是区别体育竞赛情境特征及其发生机制，仍是悬而未决的问题。

1.2.4 体育竞赛愤怒管理

在科技、文明如此发达的当今时代，人们却仍然在内心的愤怒面前束手无策，而体育竞赛无疑为愤怒的管理增加了难度。愤怒管理是指积极主动地采取适当的方式去控制和管理自己的愤怒情绪，不是消灭或压抑愤怒情绪，而是帮助个体提高与愤怒相关的认知、情绪和行为的自我监控能力，从而达到帮助个体调节愤怒表达的方式、频率、强度等，减少敌意性反应。借鉴这一概念，笔者认为体育竞赛愤怒管理是指积极主动地采取适当的方式去管理自己在体育竞赛中的愤怒情绪，以调整个体的竞赛状态。目前，对愤怒的管理更多的是一种控制和调节（表1-2）。

[1] DUTRA S J, REEVES E J, MAUSS I B, et al. Boiling at a different degree：an investigation of trait and state anger in remitted bipolar I disorder[J]. Journal of affective disorders，2014，168：37–43.
[2] KUCHARSKA–NEWTON A M, WILLIAMS J E, CHANG P P, et al. Anger proneness，gender，and the risk of heart failure[J]. journal of cardiac failure，2014，20（12）：1020–1026.
[3] 杜蕾. 愤怒的动机方向 [J]. 心理科学进展，2012，20（11）：1843–1849.

表 1-2 愤怒管理方法

提出者（年）	愤怒管理方法	应用
Bandura（1973，1959），Novaco（1975）	压力训练法	成年人的愤怒控制
Glick 和 Goldstein（1986，1987）	攻击替代训练法	具有严重攻击倾向的社会青少年的愤怒控制
Hazaleus 和 Deffenbacher（1986），Deffenbacher（1988）	认知和放松应对技能干预方法	大学生的愤怒控制
Seaward 和 Luke（1994）	认知应对、放松技巧和行为矫正，了解愤怒类型、学习监控愤怒、逐步降低愤怒的等级、学习解决问题的技巧	愤怒自助
Grodnitzky 和 Tafrate（2000）	暴露治疗	成年人的愤怒控制
Dieffenbacher 和 Wilde（2001）	质疑非理性信念的练习、矛盾意向法、幽默法	控制愤怒的思维
Eggert（2007）	放松、想象、团队支持、行动计划、自我谈话	青少年的愤怒管理
Fleeman（2008）	改变行为（体能恢复、阻止和避免引起愤怒的起因、控制愤怒的技巧训练），改变思维模式（明确和改变信念、确立正念目标、宽恕）	青少年的愤怒管理
Wright、Day 和 Howells（2009）	正念训练	减少由持续刺激引起的情绪反应，提高个体容忍愤怒状态和有效应对的能力
李静和刘贺（2009）	自我谈话	调节职业足球运动员的愤怒情绪
李静和王庆（2011）	自动情绪调节	抑制男子足球运动员的愤怒情绪和攻击行为
DiGiuseppe（2011）	建立治疗同盟、认知重构、克服自我威胁和怨恨、意象暴露、适应性行为	针对长期愤怒者的综合治疗
Ellis 和 Tafrate（2013）	控制愤怒的思维、情绪、行为	理性情绪疗法控制愤怒
Bloxham（2014）	管理愤怒的认知（发现错误的愤怒想法、捕捉"热想法"、思维重构、行为挑战、情绪监控），改变愤怒的行为（冷静地行动、控制传递愤怒的信号、直面愤怒、解决隐藏的愤怒）	认知行为疗法管理愤怒
Nasir 和 Ghani（2014）	学校应同父母和教师密切配合，建立愤怒管理小组，制订愤怒管理计划，并将计划列入校园暴力预防计划	青少年的愤怒管理
Mackintosh（2014）	冷静唤醒、认知应对、行为控制	改善愤怒的症状

对已有的愤怒管理方法进行总结发现，愤怒管理方法大致可以分为三类。第一类愤怒管理方法以认知行为疗法为主（如改变思维模式、控制愤怒的思维、冷静唤醒、认知应对、行为控制、管理愤怒的认知、改变愤怒的行为等），强调对愤怒的认知和愤怒的行为进行管理或控制，以理性情绪疗法和认知行为疗法使用较多。这类方法不仅可以应用于愤怒中的控制，还可以应用于愤怒发生后的治疗。第二类愤怒管理方法以愤怒前的训练为主（如压力训练法、攻击替代训练法、正念训练、自我谈话、自动情绪调节等），强调通过早期的愤怒训练，使个体熟练掌握控制愤怒的方法，并形成控制愤怒的思维和行动的自动化或条件反射，以便在愤怒发生时从容应对。第三类愤怒管理方法是一种对愤怒的治疗（如建立治疗同盟、认知重构、克服自我威胁和怨恨、意象暴露、适应性行为等），强调对愤怒发生后或特质性愤怒个体的综合治疗。

上述各类愤怒管理方法可针对不同的愤怒个体及愤怒问题被应用于不同的研究中，而体育竞赛愤怒具有发生情境的特殊性、情绪爆发的突发性，使得愤怒的有效管理变得复杂，是控制还是预防、如何应对、如何管理等一系列问题成为体育竞赛愤怒研究的难点，而这些难点又恰恰是体育竞赛愤怒研究的点睛之处。

国外有一些专家谈论了运动中的愤怒和暴力，但都没有真正探讨如何去管理运动中的愤怒。《运动中的愤怒管理：理解和控制运动员的暴力》（*Anger management in sport: understanding and controlling violence in athletes*）是第一本关于在运动中管理愤怒的专著，使我们可以了解愤怒在运动中所扮演的角色以及运动员如何在运动中管理愤怒[1]。该书作者提出了针对运动员的愤怒管理程序和诸多管理技巧，用以提高运动员的运动表现和成绩，如识别愤怒情绪、学习放松技巧、分散注意力、训练放松技巧、识别愤怒诱因、提高解决愤怒问题的能力、沟通与表达训练、认知重构、结果预测、促进道德发展、评价和改善等。国内有研究发现，自我谈话和自动情绪调节可缓解足球运动员的愤怒，进而消除其竞赛攻击行为[2,3]。除此之外，压力训练、正念训练、自信训练、放松训练、暴露治疗

[1] ABRAMS M. Anger management in sport：understanding and controlling violence in athletes[M]. Champaign，IL：Human Kinetics，2010.
[2] 李静，刘贺. "自我谈话"对职业足球运动员愤怒和攻击性行为的影响 [J]. 体育学刊，2009，16（12）：75-78.
[3] 李静，王庆. 自动情绪调节对男子足球运动员愤怒和竞赛攻击行为的影响 [J]. 浙江体育科学，2011，33（2）：61-64.

以及冷静唤醒、行为和思维模式改变、认知重构、愤怒识别、情绪调节与监控、无条件的自我接受等方法也在体育竞赛愤怒管理的相关研究中得到了应用。在诸多愤怒管理方法中，思维控制和行为控制运用较多。

1.2.5　体育竞赛愤怒研究展望

在运动领域，愤怒情绪的研究对运动体验、运动表现、比赛成绩和体育暴力等具有重要影响。愤怒情绪的研究已由抽象向具体、由理论向实践、由单学科向多学科交叉过渡，研究理论与方法多样化，研究成果丰硕，但在运动心理学的研究中，与体育竞赛愤怒相关的研究从数量和视角来看，发展却相对缓慢。

1.2.5.1　开展体育竞赛愤怒的本土化研究

目前，关于体育竞赛愤怒的研究主要来源于西方，在我国已有的愤怒研究中，愤怒理论及测量工具以国外经典理论（如状态－特质愤怒理论、情绪ABC理论和情境观）和Spielberger状态－特质愤怒表达量表居多。我国的体育体制不同于其他国家，而且受中西方文化和历史变迁的影响，各国学者对愤怒的研究有着跨文化的差异。受历史变迁中的尊卑等级、道德观念、集体主义根深蒂固的影响，中国文化背景下的愤怒有其独有的特征，如许多青少年面对长辈的斥责敢怒不敢言，即使对其进行量表施测或访谈，也未必会如实填答。他们的内心似乎始终以一些"道德标准"为答案，而非内心真实感受。因此，传统的心理测量法和访谈法等受主观影响的方法及测量工具对于我国的愤怒研究可能并不完全适用。所以，在未来的体育竞赛愤怒研究中，我们应该充分考虑国外体育竞赛愤怒研究在中国文化背景下的适用性问题，在借鉴国外有关愤怒的理论、研究方法和测量工具的同时，结合中国文化背景下的愤怒特点，开展体育竞赛愤怒的本土化研究，求同存异，实现研究理论、研究对象与方法、测量工具、管理方法以及研究结果等的本土化，探索我国体育竞赛愤怒的独特性。

1.2.5.2　对体育竞赛愤怒进行多维测量

测量是进行预测和控制的手段，只有对体育竞赛愤怒进行精确测量，才能进一步确定体育竞赛愤怒的类型及程度，为体育竞赛愤怒的管理提供方向。目前，用于测量愤怒的方法主要有心理测量法、实验法、内隐测量法、生理测量法和口头报告法，而这些方法各有优势和局限。因此，对体育竞赛愤怒的多维测量手段的交叉实施是未来研究应重视的。

1.2.5.3 对体育竞赛愤怒管理方法的综合运用

对体育竞赛愤怒进行研究，归根到底是为了对它进行有效管理。管理愤怒情绪的方法不胜枚举，但目前如何识别和评价不同类型体育竞赛愤怒的程度，以及如何有效应对或控制体育竞赛愤怒是运动心理学领域的难题。体育竞赛愤怒管理不只是对某一时刻的愤怒进行控制或调节，更应贯穿从赛前预防、赛中调控到赛后恢复的全过程。因此，未来研究应对诸多愤怒管理方法进行整合，构建多维结构的体育竞赛愤怒管理体系，并加强体育竞赛愤怒管理方法的应用，以及对不同类型的体育竞赛愤怒的反应进行有效识别，制定有针对性地评价愤怒程度的方法和工具等。针对体育竞赛的各个阶段，综合运用愤怒管理方法是未来体育竞赛愤怒管理研究的重要方向。

1.3 体育竞赛愤怒研究现状

愤怒是一种外在强烈刺激所引起的因人对客观事物的不满而产生的一种负性情绪反应[1]。借鉴这一定义，采用形式逻辑"属加种差"定义法，将中学生体育竞赛愤怒界定为，中学生在体育竞赛情境中受到强烈刺激而产生的对刺激情境或刺激物不满的负性情绪反应。本研究对国内外有关中学生体育竞赛愤怒的研究进行回顾和总结，以了解中学生体育竞赛愤怒研究现状。

1.3.1 国外研究现状

在 Web of Science 上以 SCI、SSCI 为数据库来源进行检索。研究主题为体育竞赛愤怒，设置检索主题词 "anger in sport" "anger in competition" "athletes' anger" "anger in athleticism" "anger players"，文献类型为 "Article"，语种为 "English"，检索到文献19篇。另外，查阅到相关专著《运动中的愤怒管理：理解和控制运动员的暴力》（*Anger management in sport: understanding and controlling violence in athletes*）。

国外学者对体育竞赛愤怒的不同方面进行了研究，包括运动员愤怒与攻击

---

[1] 张殿国. 情绪的控制和调节 [M]. 上海：上海人民出版社，1985.

行为、归因方式、运动表现和人格等变量的关系，体育竞赛中愤怒的功能，运动员愤怒的评估、应对或控制，运动员竞赛攻击与愤怒量表的编制以及愤怒的差异性，等等。

Maxwell 首先提出愤怒反刍和挑衅是预测运动员攻击行为的重要因子[1]，之后的研究相继发现，认知焦虑可预测橄榄球运动员的愤怒，自信可预测其愤怒的控制[2]，愤怒的反应程度则可预测青少年网球运动员愤怒的爆发[3]。然而，研究探讨较多的是愤怒与其他变量之间的关系，如运动员个体的愤怒倾向与其攻击行为的强度及雄性激素的分泌有关[4]，愤怒的反应与其归因方式有关[5]，愤怒的强度与其运动等级及运动表现有关[6]，职业足球运动员的持续愤怒-愤怒表达风格与其人格类型有关[7]，跆拳道运动员状态-特质愤怒与其愤怒表达具有正相关关系[8]。Ahmadi 等再次验证了体育竞赛中愤怒与攻击的正相关关系，并指出，只有愤怒内投和愤怒外投能够预测体育竞赛攻击行为，而愤怒内控和愤怒外控制则与攻击行为呈负相关[9]。Pesce 等研究表明，橄榄球运动员的状态性愤怒与血清白细胞介素-1呈正相关，而且体育比赛的临近能够触发橄榄球运动员状态性愤怒的感受性和激活其免疫系统，因此，Pesce 等建议将白细胞介素-1作为愤怒的潜在生理指标，进一步阐明细胞因子与愤怒间的相关关系[10]。

在竞技体育中，情绪变化对运动表现的影响尤其重要。多数研究认为，消极情绪（如焦虑、愤怒等）会降低运动表现[11]，而 Robazza 等发现，许多从事身

[1] MAXWELL J P. Anger rumination: an antecedent of athlete aggression?[J]. Psychology of sport and exercise, 2004, 5（3）: 279-289.
[2] ROBAZZA C, BORTOLI L. Perceived impact of anger and anxiety on sporting performance in rugby players[J]. Psychology of sport and exercise, 2007, 8（6）: 875-896.
[3] BOLGAR M R, JANELLE C, GIACOBBI P R. Trait anger, appraisal, and coping differences among adolescent tennis players[J]. Journal of applied sport psychology, 2008, 20（1）: 73-87.
[4] VAN GOOZEN S, FRIJDA N, VAN DE POLL N. Anger and aggression in women: influence of sports choice and testosterone administration[J]. Aggressive behavior, 1994, 20（3）: 213-222.
[5] COLLINS D, HALE B, LOOMIS J. Differences in emotional responsivity and anger in athletes and nonathletes: startle reflex modulation and attributional response[J]. Journal of sport and exercise psychology, 1995, 17（2）: 171-184.
[6] RUIZ M C, HANIN Y L. Perceived impact of anger on performance of skilled karate athletes[J]. Psychology of sport and exercise, 2011, 12（3）: 242-249.
[7] YILDIZ M, SAHAN H, TEKIN M, et al. Analysis of anger expression style: continuous anger and personality types of professional soccer players[J]. Collegium antropologicum, 2011, 35（4）: 1081-1088.
[8] LAPA T Y, AKSOY D, CERTEL Z, et al. Evaluation of trait anger and anger expression in taekwondo athletes in relation to gender and success[J]. Procedia-social and behavioral sciences, 2013, 93: 1976-1979.
[9] AHMADI S S, BESHARAT M A, AZIZI K, et al. The relationship between dimensions of anger and aggression in contact and noncontact sports[J]. Procedia social and behavioral sciences, 2011, 30: 247-251.
[10] PESCE M, SPERANZA L, FRANCESCHELLI S, et al. Positive correlation between serum interleukin-1β and state anger in rugby athletes[J]. Aggressive behavior, 2013, 39（2）: 141-148.
[11] VAST R L, YOUNG R L, THOMAS P R. Emotions in sport: perceived effects on attention, concentration, and performance[J]. Australian psychologist, 2010, 45（2）: 132-140.

体接触性运动项目的运动员更倾向于认为竞赛中愤怒有利于提升其运动表现[1]。Abrams进一步指出，随着运动员愤怒的增强，其认知加工速度下降，动作更协调，对疼痛的敏感度降低，肌肉力量增强，所以运动员在做一些任务时，愤怒可能是有益的，但对于另一些任务，愤怒则可能是阻碍[2]。Ruiz等认为，自我觉知的愤怒反而提高其运动表现[3]。

运动员对愤怒强度的感知和控制对于运动表现和任务的完成有着重要的作用[4]。Brunelle等在早期的研究中发现，愤怒意识训练和角色扮演可减少体育竞赛中的愤怒行为，角色扮演对于控制男性足球运动员愤怒行为更为有效[5]。

近年来的研究对运动员愤怒的中西方差异、项目差异及个体差异进行了分析。Maxwell等的研究发现，在愤怒体验和攻击行为方面，中西方运动员类似[6]。Ziaee等的研究发现，青少年男性柔道运动员和非运动员学生的愤怒水平显著高于青少年男性空手道运动员和青少年男性游泳运动员[7]。Atay等的研究发现，优秀跆拳道运动员与优秀游泳运动员在特质性愤怒和愤怒表达方面无显著差异[8]。Lapa等的研究发现，男性跆拳道运动员在愤怒表达得分上显著高于女性跆拳道运动员，并且成功的概率越大，运动员愤怒表达的得分越高[9]。Sofia和Cruz则强调认知、情绪和动机变量的重要作用，他们指出，愤怒是体育竞赛中常出现的情绪之一，不同愤怒程度的运动员在处理方式、趋避动机、愤怒反刍队友或对手的反社会行为以及在运动员的自我控制水平上具有显著差异[10]。

[1] ROBAZZA C，BERTOLLO M，BORTOLI L. Frequency and direction of competitive anger in contact sports[J]. Journal of sports medicine and physical fitness，2006，46（3）：501–508.
[2] ABRAMS M. Anger management in sport：understanding and controlling violence in athletes[M]. Champaign，IL：Human Kinetics，2010.
[3] RUIZ M C，HANIN Y L. Perceived impact of anger on performance of skilled karate athletes[J]. Psychology of sport and exercise，2011，12（3）：242–249.
[4] ABRAMS M. Anger management in sport：understanding and controlling violence in athletes[M]. Champaign，IL：Human Kinetics，2010.
[5] BRUNELLE J P，JANELLE C M，TENNANT L K. Controlling competitive anger among male soccer players[J]. Journal of applied sport psychology，1999，11（2）：283–297.
[6] MAXWELL J P，VISEK A J，MOORES E. Anger and perceived legitimacy of aggression in male Hong Kong Chinese athletes：effects of type of sport and level of competition[J]. Psychology of sport and exercise，2009，10（2）：289–296.
[7] ZIAEE V，LOTFIAN S，AMINI H，et al. Anger in adolescent boy athletes：a comparison among judo，karate，swimming and non athletes[J]. Iranian journal of pediatrics，2012，22（1）：9–14.
[8] ATAY I M，AYDIN C，KARATOSUN H. Trait anger，anger expression，coping strategies and self-esteem among elite taekwondo players[J]. Medicina dello sport，2013，66（3）：389–398.
[9] LAPA T Y，AKSOY D，CERTEL Z，et al. Evaluation of trait anger and anger expression in taekwondo athletes in relation to gender and success[J]. Procedia-social and behavioral sciences，2013，93：1976–1979.
[10] SOFIA R，CRUZ J F A. Exploring individual differences in the experience of anger in sport competition：the importance of cognitive，emotional，and motivational variables[J]. Journal of applied sport psychology，2016，28（3）：350–366.

1.3.2 国内研究现状

在中国知网上对有关体育竞赛愤怒的文献进行检索。设置检索主题词"愤怒"并含"竞赛",或者"愤怒"并含"比赛",或者"愤怒"并含"运动员",剔除与研究主题无关的文献和会议记录等后,共获得文献44篇。其中,硕士学位论文12篇,期刊文献32篇,而SCI核心期刊和CSSCI收录的文献仅11篇,在非核心期刊文献中以体育竞赛愤怒研究为主的文献有3篇。本研究主要对其中14篇期刊文献及12篇硕士学位论文进行述评。

在国内,胡耿丹等最早对体育竞赛愤怒进行了研究,探讨了制怒对运动员正常发挥技术水平的必要性。其研究指出由内外部劣性因素(如运动员自身弱点、恶劣比赛环境、不佳人际关系等)的刺激而引起运动员爆发愤怒,会对其生理、心理及技战术水平的正常发挥产生不良影响。因此,在比赛中,运动员克制愤怒,保持情绪稳定十分必要。胡耿丹等还提出,可以通过平时加强心理训练以提高运动员爆发愤怒的阈值以及比赛时采取应激措施(如自我暗示法和穴位按摩放松法)来制怒[1]。之后,姒刚彦研究发现,在体育竞赛情境中,中、德被试愤怒等典型情绪体验存在跨文化差异[2]。

在探讨体育竞赛愤怒与有关变量关系的研究中,愤怒与运动员的成败归因的关系首先被发现,如梁添祥研究发现,若运动员将队友的失败归因于其可控制的因素,则容易对队友产生愤怒情绪[3];之后王晓明发现,在大众健美操比赛中,归因失败的中学生在面对失败时会感到生气与愤怒[4]。

李海玲的研究表明,高内隐攻击性运动员对愤怒面孔表现出注意偏向,对愤怒面孔表现为一种注意警觉—注意维持的模式[5]。之后,钟俊对李海玲的研究进行了进一步深化,他研究发现,注意偏向训练对运动员内隐攻击性水平有短时效应,改变了运动员对愤怒面孔的注意偏向后,其内隐攻击性水平显著降低[6]。葛树兵和王莹莹则发现,高愤怒特质足球运动员对负性情绪面孔也存在注意偏向,

[1] 胡耿丹,林小兵,蒋吉频.制怒对运动员正常发挥技术水平必要性的探讨 [J].广州体育学院学报,1992(2):60-63.
[2] 姒刚彦.体育运动中情绪的归因解释——体育运动相关情绪的中德跨文化研究 [J].体育科学,1996,16(1):74-78.
[3] 梁添祥.广西第九届运动会少年田径运动员竞赛成败归因的研究 [D].桂林:广西师范大学,2001.
[4] 王晓明.北京市中学生大众健美操比赛成败归因研究 [D].北京:首都体育学院,2012.
[5] 李海玲.不同内隐攻击性水平的大学生运动注意偏向特点的眼动研究 [D].北京:北京体育大学,2012.
[6] 钟俊.注意偏向训练对大学生运动员内隐攻击性的短时效应 [D].北京:北京体育大学,2013.

但当情绪面孔呈现时间为阈上时，高愤怒特质运动员才会表现出对愤怒面孔的注意偏向[1]。

丁勇指出，运动员的愤怒与体育道德显著相关，不同愤怒水平的运动员体育道德之间存在显著差异，状态性愤怒、特质性愤怒和愤怒外部表达是运动员体育道德水平的有效预测变量[2]。张帅帅通过实验研究发现，处于愤怒情绪下的被试，在面临个人类型恶意犯规运动道德情境时做出了更多伤害他人的选择[3]。

卫雅平的研究表明，在愤怒情绪状态下，高情绪调节自我效能感的运动员比低情绪调节自我效能感的运动员抑制能力强，采取认知重评策略的运动员比采取表达抑制策略的运动员转换能力强[4]。

在控制体育竞赛愤怒方面，李静和刘贺的研究发现，体育竞赛中运动员受对方暗示性语言或肢体动作的影响，会产生不愉快或厌恶的知觉，提升愤怒情绪。愤怒倾向对运动员的攻击性行为具有显著的预测力，愤怒程度越高，攻击性行为发生的可能性越大，通过自我谈话可调节和降低职业足球运动员的愤怒[5]。李静和王庆的研究发现，自动情绪调节对男子足球运动员的愤怒具有同样的影响[6]。然而，王海青的研究发现，不同的人在特定的情境中会使用不同的应对策略组合，对运动员自我设定的目标加以限定后，他们在比赛过程中应对愤怒等情绪的策略具有显著性差异[7]。任毅指出，愤怒是青少年足球运动员受挫后的消极反应，容易引起攻击行为，并提出可通过转移注意法、宣泄疏导法、创设障碍法、迁移法、思想教育法来预防和消除其训练挫折心理[8]。

除了上述研究之外，在其他涉及体育竞赛愤怒的研究中，愤怒则多是作为心境状态的维度之一用来分析被试的情绪状态，以心理状态剖面图和简式心境状态量表中国修订版为主要的测量工具。例如，周伟和李仁熙研究发现，在休闲体育中，胜时愤怒等心境状态的水平明显降低，而负时愤怒等心境状态的水平明显

[1] 葛树兵，王莹莹.愤怒特质足球运动员对情绪面孔注意偏向特点的研究[J].中国体育教练员，2015，23（2）：43-45.
[2] 丁勇.运动员冲动性、愤怒表达与体育道德的关系[J].天津体育学院学报，2013，28（6）：548-552.
[3] 张帅帅.情绪对青少年运动员道德判断影响的实验研究[D].福州：福建师范大学，2015.
[4] 卫雅平.情绪、情绪调节策略与情绪调节自我效能感对运动员执行功能的影响[D].北京：北京体育大学，2016.
[5] 李静，刘贺."自我谈话"对职业足球运动员愤怒和攻击性行为的影响[J].体育学刊，2009，16（12）：75-78.
[6] 李静，王庆.自动情绪调节对男子足球运动员愤怒和竞赛攻击行为的影响[J].浙江体育科学，2011，33（2）：61-64.
[7] 王海青.对运动员比赛过程中应对策略的聚类分析[J].山东体育学院学报，2010，26（1）：60-64.
[8] 任毅.青少年足球运动员训练挫折心理成因研究——以川渝两地足球传统校运动员为例[D].重庆：西南大学，2013.

升高。他们指出否定情绪与大脑右半球有关，运动情绪研究中脑波测试是从神经心理学角度分析竞赛中发生的大脑半球差异指标的方法，是研究运动情绪的新方法[1]。由学冰指出，大学生篮球运动员赛后获胜方的愤怒性下降，而失利方则体现出高愤怒性[2]。

在研究心境状态差异方面，于少勇等首先使用简式心境状态量表中国修订版对大学篮球教练员赛前心境状态及影响因素进行研究，他们发现，不同执教年限及年龄的教练员赛前在愤怒等方面差异显著[3]。在不同类型和项目的运动员心境状态研究中，唐征宇研究发现，普通男性残疾人的愤怒得分显著高于普通男性残疾运动员，而普通男性残疾运动员的愤怒得分显著高于优秀男性残疾运动员[4]。

在运动员心境状态的影响因素方面，在以心境状态为自变量的研究中，陈剑萍发现，心境状态对运动表现存在影响效应，其中，愤怒使青少年网球运动员失去沉着[5]。而在以心境状态为因变量的研究中，有学者发现运动员愤怒的升高与控（减）体重有关。王燕珍研究赛前控（减）体重期优秀女子举重运动员的心理变化发现，在赛前一周运动员的愤怒等负性情绪升高[6]。揭光泽和付爱丽发现，少年体校运动员赛前急性减重在5%体重以上也会增加愤怒等负性情绪[7]。李国安和刘毅伟研究表明，运动员愤怒的升高与训练负荷有关，他们还指出，古典式摔跤运动员在夏季大负荷训练后，其愤怒等负性情绪显著升高[8]。

对于改善运动员心境状态中的愤怒，王建洲等指出，赛前心理干预能够有效降低和改善优秀古典式摔跤运动员赛前愤怒等心理状态[9]。张惠[10]、杜更和张波[11]先后通过实验研究发现，渐进冥想训练和放松训练能够有效减少体育院校游泳运动员心境状态中愤怒等消极因素。张震指出，心理训练组合方法（表象、放松和

[1] 周伟，李仁熙. 休闲体育中胜负对情绪和脑波变化的影响 [J]. 西安体育学院学报，2009，26（3）：381–384.
[2] 由学冰. 大学生篮球运动员竞赛心境状态的调查研究 [D]. 武汉：华中师范大学，2012.
[3] 于少勇，兰华勋，张衡. 大学篮球教练员赛前心境状态及影响因素研究 [J]. 北京体育大学学报，2005（11）：63–64.
[4] 唐征宇. 体育运动对残疾人心理状态的影响 [J]. 中国临床康复，2005（48）：141–143.
[5] 陈剑萍. 青少年网球运动员人格特征、心境状态与运动表现的关系研究 [D]. 福州：福建师范大学，2010.
[6] 王燕珍. 优秀女子举重运动员赛前体重控制及训练监控的研究 [D]. 曲阜：曲阜师范大学，2006.
[7] 揭光泽，付爱丽. 赛前急性减体重对少年体校运动员心境状态及应激水平的影响 [J]. 首都体育学院学报，2014，25（6）：522–525，529.
[8] 李国安，刘毅伟. 古典式摔跤运动员夏训训期监测研究 [J]. 武汉体育学院学报，2015，49（4）：87–90.
[9] 王建洲，周成林，盛泽田. 心理干预对优秀古典式摔跤运动员赛前心理状态的影响 [J]. 天津体育学院学报，2008（3）：217–221.
[10] 张惠. 冥想训练对游泳运动员疲劳恢复效果的研究 [D]. 武汉：武汉体育学院，2009.
[11] 杜更，张波. 放松训练对体育院校游泳运动员训练后心境及心率影响的实验研究 [J]. 南京体育学院学报（社会科学版），2009，23（3）：124–128.

暗示）能够有效缓解轮椅篮球运动员的愤怒等情绪状态[1]。

1.4　研究目的与意义

梳理国内外体育竞赛愤怒的已有研究发现，各学者围绕不同的侧重点，从不同角度对体育竞赛愤怒进行了研究，然而就整体研究结果而言，似乎缺少了对体育竞赛愤怒本身的内涵和外延的明确界定、对状态性愤怒和特质性愤怒的区分、对体育竞赛情境中愤怒发生机制的解释以及对体育竞赛愤怒的理论构建，而这些对于认识和管理体育竞赛愤怒、构建体育竞赛愤怒理论和愤怒管理理论至关重要。

状态-特质愤怒理论认为，愤怒既是一种情绪状态的愤怒（状态性愤怒），也是一种更稳定的特质性愤怒[2]。体育竞赛强调情境性。情境是引发情绪变化的重要因素，不同体育竞赛情境中的愤怒体验形式、内容和强度不同，并不断变化。为突出体育竞赛情境的作用，以及更好地解释体育竞赛情境中愤怒的发生过程及其愤怒管理，本研究只侧重对体育竞赛状态愤怒的探讨。中学生处于高度情绪化的青春期，理性控制情绪的能力较弱，他们管理愤怒较成人更为困难，尤其是在竞争与对抗明显的体育竞赛中，轻微的刺激便会引起他们巨大的情绪波动；愤怒不仅影响中学生的运动表现，也很容易使中学生行为带有攻击性，从而引发冲突或暴力。

因此，基于以上考虑，本研究着力对中学生体育竞赛状态愤怒进行深入研究。首先，在解释现象的基础上，明确中学生体育竞赛状态愤怒的内涵及外延，初步构建中学生体育竞赛状态愤怒理论；其次，采用心理测量法，自编中学生体育竞赛状态愤怒量表，并以此作为测量工具对中学生体育竞赛状态愤怒的结构模型进行验证，提出中学生体育竞赛状态愤怒认知评价-反应理论，以解释中学生体育竞赛状态愤怒的发生过程；再次，分析中学生体育竞赛状态愤怒的人口统计学差异及影响因素；最后，提出中学生体育竞赛状态愤怒管理策略和方法。

---

[1]　张震. 心理训练用于轮椅篮球运动员运动性心理疲劳的实验研究——以陕西、山东两省为例[D]. 西安: 西安体育学院，2013.

[2]　SPIELBERGER C D, REHEISER E C, SYDEMAN S J. Measuring the experience, expression, and control of anger[J]. Issues in comprehensive pediatric nursing, 1995, 18（3）: 207–232.

本研究的意义在于：在理论方面，对中学生体育竞赛状态愤怒问题的研究，有助于构建体育竞赛状态愤怒理论，深入了解中学生体育竞赛状态愤怒的本质和发生机制；有助于丰富愤怒理论，扩展运动情绪研究。在实践方面，对中学生体育竞赛状态愤怒问题的研究，能够为研究体育竞赛状态愤怒问题提供有效的测量工具；有助于帮助中学生正确认识和管理自己在体育竞赛中的愤怒情绪，并提高中学生的情绪管理能力；有助于提高中学生在体育竞赛中的运动表现及比赛成绩，以及避免冲突和减少体育暴力事件的发生。

1.5 研究设计

1.5.1 研究假设

基于对已有愤怒理论及相关研究的分析与总结，本研究提出以下研究假设：

（1）中学生体育竞赛状态愤怒为多维结构，且可通过心理测量法来测量。

（2）中学生体育竞赛状态愤怒存在人口统计学上的差异。

（3）探索和构建中学生体育竞赛状态愤怒的结构模型，能够更好地解释中学生体育竞赛状态愤怒的结构关系及内部发生机制。

（4）中学生体育竞赛状态愤怒可以通过多种策略和方法进行管理。

1.5.2 研究思路

研究思路如图1-1所示。

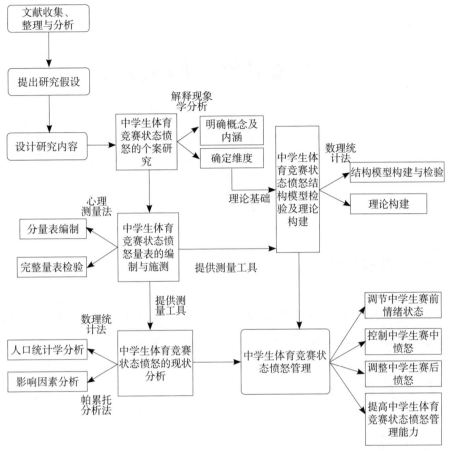

图1-1 研究思路

2　研究对象与研究方法

2.1　研究对象

本研究以中学生体育竞赛状态愤怒为研究对象，探讨中学生体育竞赛状态愤怒的维度、结构关系、现状及管理。

2.2　研究方法

2.2.1　文献研究法

前期文献主要通过山西大学图书馆中西文电子资源和谷歌学术、百度学术、Science Direct 等网络资源进行中英文文献检索获得。笔者以"愤怒"和"anger"为关键词进行检索，然后对文献进行初选，并对引用文献进行滚雪球式的跟进查阅和挑剔性的阅读；随着研究的不断推进和深入，对文献的检索扩展至心理学、社会学、医学等研究领域，这为本研究的研究思路和研究方法提供了更多参考。

2.2.2　逻辑分析法

逻辑分析法是对事物复杂、纷繁的现象进行剖析、概括，以抽象的、理论上前后一贯的形式对事物进行概括研究，以概念、判断、推理等思维形式来解释事物的本质[1]。本研究采用"属加种差"定义法对文中的核心概念进行界定，如

---

[1]　张岱年 . 张岱年文集：第一卷 [M]. 北京：清华大学出版社，1989.

"中学生体育竞赛状态愤怒""中学生体育竞赛状态愤怒应激源""中学生体育竞赛状态愤怒认知评价""中学生体育竞赛状态愤怒反应""中学生体育竞赛状态愤怒表达"等。通过定义公式找到其邻近的"属概念",再利用"种差"揭示被定义项的特性,即发现概念的共性和特性。

2.2.3　质性研究法

质性研究法是自下而上,并使用归纳法分析资料和形成理论的一种研究方法,以研究者作为研究工具,通过与研究对象互动,对访谈内容进行建构获得解释。本研究采用目的抽样,选取符合条件的19名中学生进行非参与观察,从中选取具有典型性的5名中学生作为研究的个案,按照编制的"中学生体育竞赛状态愤怒访谈提纲"对其进行深度访谈。采用解释现象学分析法对收集的资料进行分析,并结合研究者自身的理解,深入探讨中学生体育竞赛状态愤怒的概念及构成因素。

2.2.4　心理测量法

在质性研究法的基础上,本研究借鉴国内外已有的愤怒量表,采用心理测量范式,自编中学生体育竞赛状态愤怒量表,为测评中学生体育竞赛状态愤怒提供有效的、有针对性的测量工具,构建和验证中学生体育竞赛状态愤怒的结构模型。

2.2.5　访谈法

本研究围绕中学生体育竞赛状态愤怒的产生过程、愤怒的感受、行为应对、影响因素及愤怒管理等主要内容编制访谈提纲,对选取的中学生进行访谈。

笔者在访谈前通过与部分中学生进行为期两个月的接触,与之建立良好的信任关系,选取19名在校中学生(男生14名,女生5名,年龄范围为13～18岁)作为访谈对象,在其空闲时间并征得其同意后进行访谈。表2-1为访谈对象基本情况统计表。

表 2-1　访谈对象基本情况统计表

代号	性别	年龄 / 岁	年级	访谈时长 / 分	代号	性别	年龄 / 岁	年级	访谈时长 / 分
A	男	13	初一	55	K	男	17	高一	32
B	男	13	初一	35	L	男	16	高一	57
C	男	13	初一	34	M	女	16	高一	51
D	女	13	初一	69	N	男	17	高二	52
E	男	14	初二	45	O	男	18	高二	97
F	男	15	初二	60	P	男	17	高二	52
G	男	15	初二	35	Q	女	18	高二	22
H	女	14	初二	57	R	男	18	高三	89
I	男	16	初三	60	S	男	18	高三	39
J	女	15	初三	26					

2.2.6　问卷调查法

编制开放式问卷《中学生体育竞赛状态愤怒开放式问卷》(学生问卷) 和《中学生体育竞赛状态愤怒开放式问卷》（教师问卷），对110名中学生和76名一线体育教师进行问卷调查，以了解影响中学生在体育竞赛中产生愤怒情绪的因素，同时了解中学生自身、体育教师如何在赛前预防中学生在体育竞赛中的愤怒，以及如何控制和调节赛中、赛后的愤怒。

2.2.7　数理统计法

（1）运用Excel 2016对获得的量表数据进行录入、整理以及帕累托分析等。

（2）运用统计软件SPSS 21.0对获得的数据进行项目分析、探索性因素分析、量表信度和效度检验、描述性统计、t检验和方差分析等。

（3）运用软件AMOS 21.0对量表进行验证性因素分析，并构建中学生体育竞赛状态愤怒的结构模型。

3　中学生体育竞赛状态愤怒的个案研究

3.1　引言

笔者通过查阅文献发现，目前我国有关体育竞赛情境中的愤怒研究较少，主要集中于运动员愤怒和攻击行为的关系以及运动员愤怒的调节和控制。研究多是对愤怒及相关变量间的因果关系进行探索，未对"体育竞赛愤怒"的概念做明确的界定，也较少对体育竞赛愤怒的内涵及其内在发生机制进行深入研究，这与体育竞赛愤怒理论的缺乏以及研究方法的限制有关。

体育竞赛愤怒理论的构建离不开情绪的基础理论对愤怒的共性解释。Schachter 等从认知心理学的视角提出情绪三因素理论（情绪唤醒模型）。相应的环境因素、个体体验到的生理唤醒和个体对生理状态变化的认知性唤醒是特定情绪产生的三个因素，他们强调认知对情绪唤醒的核心作用，认为情绪状态是认知过程、生理状态、环境因素在大脑皮层中整合的结果[1]。情绪ABC理论也强调了认知对行为结果的影响，认为引起愤怒的真正原因是非理性信念，而非诱发事件本身[2]。蔡厚德从认知神经科学的视角提出，眶额皮层等脑区主要负责产生情绪体验，而认知、动机、注意和情绪评价调节情绪和影响决策行为[3]。状态-特质愤怒理论则强调个体的愤怒体验和愤怒表达模式，将愤怒体验分为状态性愤怒或

[1]　SCHACHTER S，SINGER J. Cognitive，social，and physiological determinants of emotional state[J]. Psychological review，1962，69（5）：379–399.
[2]　埃利斯，塔夫瑞特 . 控制愤怒 [M]. 林旭文，译 . 北京：机械工业出版社，2014.
[3]　蔡厚德 . 生物心理学：认知神经科学的视角 [M]. 上海：上海教育出版社，2010.

特质性愤怒，愤怒表达分为愤怒外投、愤怒内投和愤怒控制[1]。施塔等指出，情绪的标准定义应包括认知、感受、生理变化和行动，愤怒的自我报告应测量引起愤怒的评价、愤怒的感受和行为[2]。总结已有理论，笔者认为，愤怒应是一个多维的概念，它的产生可能与环境、生理和心理唤醒、认知、体验和表达有关。

基于愤怒情境的差异性和特殊性，本研究试图从中学生在体育竞赛情境中的愤怒现象入手，通过采用个案研究的定性分析解释中学生体育竞赛状态愤怒的现象，从而探索中学生体育竞赛状态愤怒的概念及构成因素。个案研究是以真实生活（或事件）为基础的描述性研究，它将研究问题与真实生活相结合来解释和探索事物的纵向发展变化，可反映研究问题的真实性[3,4]，更有利于探索中学生体育竞赛状态愤怒的构成因素及其产生过程的内在机制。本研究可为中学生体育竞赛状态愤怒的理论构建及定量研究提供理论支持，并为解释中学生体育竞赛状态愤怒的内在发生机制、有效管理中学生体育竞赛状态愤怒及避免发生中学生体育暴力事件提供前期的理论研究基础。

3.2 方法

3.2.1 个案研究对象

由于研究的问题是特定人群在特殊情境中的愤怒，所以个案对象需满足以下条件：①年龄为13~18岁的在校中学生；②经常参与体育竞赛；③在近期（2个月内）的体育竞赛中感受过强烈的愤怒；④能够较详细地叙述当时愤怒的情况及真实感受；⑤同意接受访谈和录音。

本研究首先对选取的符合条件的19名中学生进行非参与观察，然后根据个案研究中判定个案是否具有典型性的标准和选取过程[5]，最终选取最为典型、最能体现中学生体育竞赛状态愤怒共性特征（如愤怒情境与体育竞赛有关、有明显的愤怒感受、对愤怒应激源产生认知评价、有一定的愤怒表达或行为倾向）的5

[1] SPIELBERGER C D. State-trait anger expression inventory-2[M]. Odessa：Psychological Assessment Resources，Inc，1999.
[2] 施塔，卡拉特.情绪心理学：第2版[M].周仁来，等译.北京：中国轻工业出版社，2015.
[3] 王进.运动员退役过程的心理定性分析：成功与失败的个案研究[J].心理学报，2008（3）：368-379.
[4] 殷.案例研究：设计与方法（第3版）[M].周海涛，李永贤，张蘅，译.重庆：重庆大学出版社，2004.
[5] 王宁.代表性还是典型性？——个案的属性与个案研究方法的逻辑基础[J].社会学研究，2002（5）：123-125.

名中学生个体作为研究的个案（样本量的选取是根据个案研究选取的方便性原则决定的，便利性、可接近性和地理上的相近可作为选取个案的标准[1]）。选取的5名中学生均为男性（表3-1），主要考虑到男性更容易在社会环境、社会关系中因遭遇障碍或挫折而同他人发生冲突，比较容易产生愤怒情绪，愤怒时的想象较为直接，较少考虑后果，比较容易产生攻击行为[2]。

表 3-1　个案基本情况

个案	代号	性别	年龄 / 岁	年级	访谈时间	访谈时长 / 分
个案 1	A	男	13	初一	2015-10-11	55
个案 2	B	男	15	初二	2015-10-11	60
个案 3	C	男	18	高三	2015-9-12	89
个案 4	D	男	17	高二	2015-9-13	52
个案 5	E	男	18	高二	2015-9-15	97

3.2.2　资料收集

本研究通过非参与观察和深度访谈收集中学生体育竞赛状态愤怒的资料。

3.2.2.1　非参与观察

笔者选择在体育竞赛中有过愤怒情绪的19名中学生为观察对象，对他们进行为期2个月的非参与观察，并全面和详细地记录他们在体育竞赛中愤怒的时间、地点、频率、竞赛类型、情境、发生过程以及愤怒时的反应等。

3.2.2.2　深度访谈

笔者与最终确定的5名中学生进行预约后，按照拟定的访谈提纲，利用其休息时间在各自学校分别对他们进行深度访谈，经其同意后录音并做访谈笔记。访谈主题集中于愤怒的产生过程、愤怒时的感受及行为应对。为增强访谈对象对体育竞赛情境中愤怒体验的感受，以及减少他们因对愤怒话题敏感而在访谈时产生阻抗等问题，笔者在深度访谈的过程中融入了意象对话疗法中的情境体验技术，分别引导5名中学生对曾经经历过的愤怒情境进行意象体验，并体会愤怒时的心理感受和躯体感受[3]。

---

[1] 殷 . 案例研究：设计与方法（第3版）[M]. 周海涛，李永贤，张蘅，译 . 重庆：重庆大学出版社，2004.
[2] 陈少华 . 情绪心理学 [M]. 广州：暨南大学出版社，2008.
[3] 苑媛，曹昱，朱建军 . 意象对话临床技术汇总 [M]. 北京：北京师范大学出版社，2013.

其具体步骤如下：

第一步，带访谈对象进入其学校的心理咨询室，就他们近期在体育竞赛中感受到愤怒的事件进行访谈。访谈中访谈对象描述当时愤怒的情境，笔者设计相应的愤怒情境引导词，如"球场""比赛""比分""对手""裁判""队友""阻挡""干扰""推""顶""击"等，以做引导。

第二步，引导访谈对象进入意象体验，并与之进行意象对话。在意象对话的过程中，访谈对象将看到的意象片段表达出来，描述发生了什么和自己现在的感受。意象对话结束后，引导访谈对象走出意象，情境体验结束。

第三步，针对刚才的情境体验，对访谈对象进行访问。确认其是否进入意象情境，是否体验到愤怒的情绪，体验到的愤怒感受和行为反应是否同实际经历中的一致或相似。

第四步，一周内将访谈录音和访谈笔记整理出2.5万余字的Word文本文档，与访谈对象进行核对，对不符合其意愿的内容进行删改。

3.2.3　资料分析

应用重要性-绩效分析（importance-performance analysis，IPA）对收集的资料进行分析，通过对资料的分析结合研究者自身的理解，深入探讨中学生体育竞赛状态愤怒现象。分析过程是两个阶段的解释过程，即双重诠释过程，访谈对象设法理解和解释自己在体育竞赛中的愤怒，而研究者则设法理解和解释访谈对象是如何设法理解和解释其在体育竞赛中的愤怒的，同时对访谈对象的解释进行二阶解读[1]。

按照IPA的分析步骤对个案资料进行分析，具体分析过程包括：①严格而详尽地转录和反复阅读所收集的中学生体育竞赛状态愤怒的个案资料，并对具有潜在重要性的内容以注释的形式做初始笔记；②从初始笔记和想法中识别出更为具体的主题和短语，生成次级主题；③提炼、浓缩和核查次级主题间的相互联系，采用主题突出分类法（根据问题本身归类或根据突出的概念和主题概念归类）对次级主题进行分类，生成高级主题；④以叙事形式呈现分析结果，对个案资料文本进行描述和解释。

[1] 莱昂斯，考利.心理学质性资料的分析[M].毕重增，译.重庆：重庆大学出版社，2010.

为保证研究的信度，高级主题生成后，请长期从事质性研究的两位学者同研究者本人进行了三角检验，一致率达91.7%，证明了中学生体育竞赛状态愤怒主题的识别和生成可以达到质性研究的信度要求。

3.3　中学生体育竞赛状态愤怒的解释现象学分析

通过IPA对个案资料的分析，整理出有关中学生体育竞赛状态愤怒的描述：中学生体育竞赛状态愤怒是中学生在体育竞赛情境中体验到的愤怒的感觉，是应激状态下出现的生理反应，是主观的愤怒感受，是对引发愤怒的人、物、环境和事件等的想法和评价，是能够外显的愤怒表情，是应激后愤怒的行为表现，是源于体育竞赛情境中能够引发中学生愤怒的所有应激源，等等。通过反复解析个案资料、笔记及识别出的主题和短语，按照主题的相关性归纳出10个次级主题，即被侵犯、受到阻碍、敌意归因偏差、资本凭借、归咎于人、生理反应、心理反应、愤怒外投、愤怒内投和愤怒控制。针对生成的10个次级主题，采用主题突出分类法，经提炼、浓缩和核查次级主题间的相互联系，生成中学生体育竞赛状态愤怒的4个高级主题，即中学生体育竞赛状态愤怒应激源、愤怒认知评价、愤怒反应和愤怒表达，将其作为构成中学生体育竞赛状态愤怒概念的4个因素（表3-2）。

表3-2　中学生体育竞赛状态愤怒的高级主题及次级主题

高级主题	次级主题	说明性引用示例
愤怒应激源	被侵犯、受到阻碍	学生A："篮球比赛中，明明是对方犯规，他还非说是我弄的，怪到我头上，死不承认。" 学生B："在学校组织的篮球赛中，队友不配合。" 学生C："我打中锋，在篮下抢位置，对手老使坏，他掐我的腰，还使劲顶我。后来，我做后卫运球，往回防守，旁边又是他，他老挡着我，不让我进去，我怎么投篮都投不进去。" 学生D："我在篮板下准备接球，球被对手给断了，心里就很不舒服，也很着急。后来我准备抢篮板的时候他又一直阻挡我，死死地防着我，手上还有小动作，我一下就火了。最后在退场的时候他又过来挤我，还用肩膀撞了我。" 学生E："对方队员防守动作犯规，裁判竟然和没看见一样，不吹他犯规。他还对我动手动脚的，用胳膊肘击我。""我方进攻，对方队员对我说脏话，说'你不行，你打不过我'，还瞟我一下，还冲我摇食指。""前面体力消耗太大，后面他们拉我拽我，但是裁判没有吹哨，也不理会。"

高级主题	次级主题	说明性引用示例
愤怒认知评价	敌意归因偏差、资本凭借、归咎于人	学生A："他还双手摊开装作很委屈的样子，都是朋友，至于吗？" 学生B："不怕神一样的对手，就怕猪一样的队友，因为他们不打配合才输的，如果打配合的话，就不会输。" 学生C："对手老使坏，他就是故意的。""我好歹是练体育的，跳得比他高，也比他壮，技术也比他好，他凭什么呀，还能被他欺负了？" 学生D："都退场了他还故意来撞我，挑衅啊。" 学生E："他这就是赤裸裸的挑衅，看不起我。"
愤怒反应	生理反应、心理反应	学生A："当时我就不想玩了，非常气愤，能明显看出来生气了，脸憋得通红，欲哭无泪，咬嘴唇，想着以后再也不和他玩了。" 学生B："很气人，很恼火，很沮丧，但是表情很好，是笑着的，心里很生气，但不会表现出来，我不想让所有人看到自己的不开心。" 学生C："感觉要气炸了，眼神发直，眉头紧皱，怒气在心里憋着难受。" 学生D："感觉疼了就火了，脸涨红，心里不舒服，心跳加快，感觉很急躁，拳头紧握，身体紧绷，眼睛会一直瞪着他，紧闭着嘴，牙齿紧咬着，憋着一口气，脚也紧张，感觉时刻会爆发，感觉浑身充满了怨气，觉得快要忍不住了，就想冲上去打他。" 学生E："想攻击他，不怕他攻击我。感觉血顶到了脑袋，血往上冲，像火山要爆发一样，可是又发不出来，一直在脑袋里充着，心跳得很剧烈，身体进入一种很亢奋的状态，不累，很亢奋。愤怒到极点了，心里就啥也不想了，不理智了，什么都不管了，必须要进攻，干掉他，打垮他，他说我不行，我就要打垮他，让他看看我到底行不行。""觉得自己没用，对不起队友，特别生气，生自己身体太差的气。"
愤怒表达	愤怒外投、愤怒内投、愤怒控制	学生A："非常气愤地指指点点；跟对方理论；摔东西，摔那种没啥事的东西；撞墙；一个人气愤地走开，在旁边抱着胳膊生闷气。" 学生B："开始还忍着，后来气得不行就开口大骂了，指着他们就骂，然后会带着情绪打球，表现出来就是扔篮球、动作变大；打完比赛后一直骂队友，骂一会儿也就没事了，反正已经输了，再和队友生气也没用啊，而且会引起不必要的冲突。" 学生C："我就想着也要报复他，我就顶他一下，是正常的防守动作。" 学生D："以最快的速度跑过去直接撞飞他，报复他，叫骂，绊他，当时根本控制不了，不想那么多，有火就先出了。" 学生E："盯死他，想攻击他，断他球，盖他帽，就是让他不好过。贴身防守，断他球或者逼他传球。在规则允许的情况下攻击他，带着情绪用技术动作去跟他对抗。愤怒到极点的时候就打架了，场上没解决完，场下还会因为这件事继续打架。""生自己的气，怪自己，一个人走开，想躲得远远的。"

3.3.1 愤怒应激源

应激源是人们在日常生活中经历的各种生活事件，如急性、突发性或创伤性的事件等。就心理应激而言，运动员属于高应激性人群，他们在比赛中难免会面临比赛失利、与他人发生冲突等问题，若处置不当则会出现明显的负性情绪[1]，如愤怒。体育竞赛中的愤怒应激源是指在体育竞赛情境中任何能引起个体产生愤怒应激反应的各种因素。

分析个案发现，在体育竞赛中，尤其是在同场对抗类项目的竞赛中，气氛紧张激烈，竞争与对抗明显，肢体直接接触多，易发生碰撞，中学生的身体和心理往往处于中等唤醒状态或高唤醒状态。石岩研究发现，在认知、运动和积极的情感活动中，每个个体都有自己独特的唤醒的理想水平[2]。一些唤醒性较低的中学生对于心理或物理刺激反应性极强，低水平的刺激就可以使其神经系统活跃起来，其生理和心理很容易进入中等唤醒状态或高唤醒状态。蒋长好研究发现，中等唤醒水平有利于提高运动表现，而高唤醒水平则不利于情绪和行为的控制，更易产生焦虑和愤怒[3]。

3.3.1.1 被侵犯

体育竞赛中引发中学生愤怒的应激源多与被侵犯有关。蔡秀玲等认为，被侵犯即因被不公平对待、被伤害时，人的尊严、身体受到伤害，权益受损，出于自我保护其愤怒情绪被唤醒[4]。例如，学生B因为被诬陷犯规，觉得不公平而愤怒；学生E因对手犯规和攻击，觉得自己被侵犯了而愤怒。卡斯特认为，随着中学生自我意识的发展，中学生的公平意识增强，更加要求被平等对待，当他们努力维护的规则不被人遵守时，他们会反感，因觉得不公平而更加愤怒[5]。在体育竞赛中，身体和心理上受到攻击（如推、掐、顶、肘击、挤、撞、绊、辱骂等），以及对手犯规、裁判判罚不公平公正等激发了中学生强烈的排斥反应，愤怒的爆发正是一种心理防御机制的启动，以保护自己不被继续伤害。在集体项目中还可能存在同情性愤怒，即群体中某个体受到侵犯或伤害，很容易引起所属群体集体

[1] 谭先明，陈小敏.运动员心理应激量表的编制与初步分析 [J].广州体育学院学报，2000，20（4）：73-77.
[2] 石岩.体育运动心理问题研究 [M].北京：北京体育大学出版社，2007.
[3] 蒋长好.运动情绪及其调节 [M].北京：教育科学出版社，2012.
[4] 蔡秀玲，杨智馨.情绪管理 [M].合肥：安徽人民出版社，2001.
[5] 卡斯特.怒气与攻击 [M].章国锋，译.北京：生活·读书·新知三联书店，2003.

愤怒的爆发，区别于从众和去个性化，它是一种愤怒的共鸣，甚至能够使球场内的个人冲突升级为群体冲突。

3.3.1.2 受到阻碍

在体育竞赛中受到阻碍是指运动参与者因受到内、外因素的影响，其获胜的愿望或行为受到阻碍，比赛不能顺利完成或取胜。成分加工理论的跨文化评估研究指出，人们在自己的目标因他人而受到出乎意料的、不愉快的、不公平的干扰时会感到愤怒。体育竞赛常以获取优胜为目的，当中学生的身体和心理进入高唤醒状态时，他们的动作节奏变快，抗干扰能力减弱，一旦受到干扰，愿望或行动受到阻碍，便很容易有挫折感，在应激状态下对阻碍者或阻碍物产生愤怒情绪。例如，学生C由于受到对手的阻挡，多次进球失败而产生挫败感，感到"要气炸了"。这反映出中学生在强烈的好胜心驱动下，想赢怕输，与阻碍他们获胜相关的情境刺激都有可能引发其愤怒情绪，而且对于低挫折忍耐力的中学生而言，更是加重了挫折感和愤怒情绪。

被侵犯和受到阻碍是中学生体育竞赛状态愤怒的主要应激源，更容易使中学生产生挫败感，表现出消极评价、情绪不稳定和行为冲动，继而引起冲突。一旦中学生无法控制汹涌而来的愤怒情绪，之后的行为反应就更容易带有攻击性和报复性。中学生体育竞赛状态愤怒的应激源有时并不是单一的和暂时的，某一情境的刺激会使中学生出现愤怒，而其他情境的刺激将愤怒叠加，使愤怒的强度急速增加，甚至会持续到体育竞赛结束。

3.3.2 愤怒认知评价

情绪源于对某件事的评价，没有认知的情绪（如没有评价的愤怒）是不可能的、不完整的。当某人被故意或者无意伤害时，他会表现出愤怒，愤怒的程度取决于如何看待对方如此对待他。

中学生体育竞赛状态愤怒认知评价，即中学生在体育竞赛中对引起愤怒的应激源的评价或归因。分析个案发现，中学生体育竞赛状态愤怒认知评价多与敌对的意图性、资本的优劣性和归因的指向性有关，即敌意归因偏差、资本凭借和归咎于人。中学生的愤怒情绪不仅与其所经历的潜在压力事件的刺激相关，还与他们对刺激物的认知有关。尤其是在体育竞赛中，中学生的心理往往处于高唤醒状态，此时大脑灵活性下降，对外部环境的适应能力和抗干扰能力下降，决断能力下降，注意力下降，自我感觉意识增多，消极想法增多，容易出现认知偏差，将他人的行为认知为带有敌意的。

3.3.2.1 敌意归因偏差

敌意归因偏差是指在情境不明确的情况下，将对方的动机或意图视为带有敌意的[1]，继而可能做出报复性行为[2]。格斗类和同场对抗类项目中存在一些合理性攻击，但当这种合理性攻击过当时，会被一些运动参与者认为是"有意冒犯"的敌意性攻击，更容易点燃愤怒的情绪。Scherer 和 Wallbott 的实验表明，人们通常在别人有意造成的不愉快、不公平情境中感到愤怒[3]，而愤怒的程度取决于愤怒者对敌意的归因[4]。例如，学生 D 在最开始被对手磕到头时，认为这在篮球活动中是难免的，是无意的，因而并没有生气。之后对手频繁阻挡使他进攻的愿望和行动多次受阻，他出现愤怒情绪，但考虑到对方是正常防守，虽然有小动作，但对方并无明显的伤害意图，他的愤怒感降低，并随着成功突破对手的阻挡而消失。但在退场时被对手撞到，他将对手用肩膀撞他评价为对他故意挑衅，有明显的攻击和伤害意图，他的愤怒感骤增，出现攻击和报复倾向。这反映了中学生体育竞赛状态愤怒的程度与愤怒者对敌意的归因有关，表现为认为对手的冲撞、犯规、身体碰撞等是带有敌意的，认为队友的不配合是故意而为，将裁判的错判、误判、漏判认为是有意偏袒，等等；认为自我价值受到威胁[5]，容易产生敌视、抵触、反击或报复的行为[6]，愤怒时还会有夸大对方行为的倾向[7]。

3.3.2.2 资本凭借

宏观经济学观点认为，资本可以划分为物质资本、人力资本、自然资源、技术知识[8]，资本凭借则是对所拥有资本总和的依靠或倚仗。研究发现，中学生在

[1] MILICH R, DODGE K A. Social information processing in child psychiatric populations[J]. Journal of abnormal child psychology, 1984, 12（3）: 471–489.
[2] GAGNON J, MCDUFF P, DAELMAN S, et al. Is hostile attributional bias associated with negative urgency and impulsive behaviors? A social-cognitive conceptualization of impulsivity[J]. Personality and individual differences, 2015, 72: 18–23.
[3] SCHERER K R, WALLBOTT H G. Evidence for universality and cultural variation of differential emotion response patterning[J]. Journal of personality and social psychology, 1994, 67（1）: 55.
[4] 施塔, 卡拉特. 情绪心理学: 第 2 版 [M]. 周仁来, 等译. 北京: 中国轻工业出版社, 2015.
[5] 克拉克. SOS! 救助情绪: 处理常见情绪问题实用指南 [M]. 姚梅林, 庞晖, 姚枫林, 译. 北京: 北京师范大学出版社, 2002.
[6] 徐显国. 心的解码: 沟通中的情绪与冲突管理 [M]. 北京: 北京大学出版社, 2012.
[7] 陈少华. 情绪心理学 [M]. 广州: 暨南大学出版社, 2008.
[8] 张绍焱. 政治经济学概论: 资本主义部分 [M]. 北京: 中国经济出版社, 2004.

体育竞赛中的愤怒强度常与其所拥有的资本有关，如身体素质、技术水平、社会关系、运动设施设备、投入时间等。在体育竞赛中，中学生对自身和对方的可凭借资本的对比可强化或弱化其愤怒反应，也会或多或少地影响其愤怒的表达方式。例如，学生C认为自己是体育生，无论是身体素质还是技术水平都比对方厉害，若被不如自己的对手侵犯了会很丢人，没面子（"他凭什么呀，还能被他欺负了"），而使得愤怒感被强化，认为"我强敌弱"。正是他对所拥有资本的凭借，认为有优势而顾虑减少，自信心增强，具有了攻击倾向，更容易以向外宣泄的方式将愤怒情绪表达出来，不仅释放了愤怒情绪，还可以起到震慑对方的作用。学生E则相反，认为自己的身体条件太差，没有可以与对手对抗的资本，自信心受挫，不敢与之对抗，而将被对手拉扯等有意侵犯归因为自己身体素质差，并将愤怒指向自己，表现为压抑愤怒。两个个案反映出中学生体育竞赛状态愤怒的一种"畏强欺弱"倾向，可以直接影响愤怒的强度和方向。

中学生由于身体急剧变化，身体机能大幅度提高，自信心增强，不服输、好面子，可能存在过高评估自己而低估对方的情况。中学生在愤怒时并不都是对资本进行评估后才采取行动，冲动、不理智、自控能力较弱是中学生的典型特点（"不理智了，什么都不管了，必须要进攻，干掉他"）。在这种情况下，中学生往往不会过多考虑资本及后果，尤其是在体育竞赛中，不允许有过多的考虑时间（"不想那么多，有火就先出了"）。资本凭借可以影响中学生在体育竞赛中的愤怒表达，但在愤怒的过程中并不一定总会出现。

3.3.2.3 归咎于人

归咎于人，即将过错推脱或归咎于他人或客观原因。Kuppens等的研究表明，学生将一种不愉快的情境归咎于他人时，会感到愤怒[1]。在体育竞赛中，中学生有时会将失误、输掉比赛等不愉快的情境归咎于他人、器械、环境等可以对其构成威胁的各种因素。例如，学生B："不怕神一样的对手，就怕猪一样的队友，因为他们不打配合才输的。如果打配合的话，就不会输。"学生B将输掉比赛归咎于队友的不好好配合，从而对队友产生愤怒情绪。

通常情况下，中学生在体育竞赛中会直接将不愉快的情境归咎于他人，但还

[1] KUPPENS P, VAN MECHELEN I, RIJMEN F. Toward disentangling sources of individual differences in appraisal and anger[J]. Journal of personality, 2008, 76（4）: 969–1000.

有一种情况，即在自我防御机制（指人们在面对挫折和焦虑时启动的自我保护机制，它主要通过对现实的歪曲来维持心理平衡）[1]的作用下，中学生为维护尊严或避免尴尬而无意识地将失误、输掉比赛等不愉快的情境归咎于他人。例如，学生D："有时候明知道打不过对方，自己作为主力打得也不好，队友水平也就这样，还是会一直埋怨队友，认为输了比赛都是因为他们不好好打而对他们发火，就好像潜意识地在维护自己的面子，让别人以为输了比赛和我无关。"

3.3.3　愤怒反应

中学生体育竞赛状态愤怒反应多是中学生在竞赛中的某个特定时刻的愤怒反应，是一种心理情绪状态，由愤怒个体对特定情境的感知所诱发，与愤怒的生理唤醒和心理唤醒有关，包括愤怒的生理反应和心理反应。

3.3.3.1　生理反应

愤怒的生理反应是愤怒的外在表现及个体的内部生理变化，主要表现在愤怒个体的面部表情、肢体表情和躯体感受3个方面，如面红耳赤、怒目圆睁、眉头紧皱、牙齿紧咬等面部表情，拳头紧握、身体前倾、身体发抖、全身肌肉紧绷等肢体表情，心跳加快、血压升高、呼吸加快等躯体感受。陈少华指出，中学生的兴奋性高，情绪稳定性差，波动性较大，两极性十分明显，易激动，易怒，他们在体育竞赛中更容易产生愤怒，而且表情是最为明显的愤怒反应[2]，如"脸憋得通红""怒目而视""眼睛会一直瞪着他""眼神发直""眉头紧皱""拳头紧握，身体紧绷""紧闭着嘴，牙齿紧咬着，憋着一口气"等。Abrams指出，躯体感受上体现出"心跳加快、心跳剧烈""血压升高""呼吸加快""身体肌肉充满力量"等[3]。

3.3.3.2　心理反应

中学生体育竞赛状态愤怒心理反应是中学生在体育竞赛中某特定时刻的愤怒反应，是一种心理情绪状态，即中学生个体在体育竞赛中愤怒时的内心感受，表现为不服气、不甘心、不满、心里不舒服、不耐烦、不能忍受、冲动、不理智、

---

[1]　FREUD A. The ego and the mechanisms of defence[M]. London：Karnac Books，1992.

[2]　陈少华．情绪心理学[M]. 广州：暨南大学出版社，2008.

[3]　ABRAMS M. Anger management in sport：understanding and controlling violence in athletes[M]. Champaign，IL：Human Kinetics，2010.

烦躁、焦虑、紧张、着急、兴奋、注意力集中在生气上、想打骂人、不想继续配合、不想继续比赛等。个案中出现的一些同愤怒有关的意象可形象、直观地体现中学生在体育竞赛中愤怒时的内心感受。例如，学生C的愤怒意象："他一直推我的时候，我心里特别不舒服，就不愿意互相推，想骂人，感觉胃里是红色的，像黏稠的粥一样，红色的粥，还有黑黑黄黄的东西在上面，在胃里咕噜咕噜的，蓄势待发，像是岩浆，感觉要火山喷发了。我就报复他了，顶他，目的达到了，感觉刚才红色的粥上的黑黑黄黄的东西没了，也就舒服了点。"

从学生C的描述中可以感受到他的愤怒由弱到强再到弱的变化过程。首先，他因对手推他而感到不满，心里不舒服，在后来的愤怒意象中，他感到有红色黏稠的粥在胃里（已有研究发现愤怒与胃液有关，罗马文字里的"胃"字和"怒"字通用[1]，学生C在意象中用胃里的反应描述了愤怒的感受），如岩浆翻滚，即将喷发。"粥"象征情绪在身体里压抑的时间较长，呈黏稠状，不像气体容易释放出去；"红色"象征愤怒感强烈，能量较大。研究表明，当一个人愤怒时，受到睾酮的影响脸会呈现红色[2]，而且红色对愤怒知觉具有促进作用[3]；"岩浆"和"火山喷发"则象征愤怒情绪试图寻找发泄口向外宣泄。这些均表明学生C已进入强烈的愤怒状态，而且其内心可能还压抑着之前的愤怒情绪。他通过顶对手和报复对手，使愤怒情绪得以释放，愤怒情绪的强度有所弱化，浮在粥表面的黑黑黄黄的东西消失了，而红色的粥依然停留在胃中，也就是说，愤怒情绪并未被完全释放，之前被压抑的愤怒情绪也仍然存在。这在之后与学生C的访谈中得到证实，他不善于向外表达愤怒，大多数情况下会隐藏和压抑愤怒情绪。

中学生体育竞赛状态愤怒心理反应还表现为愤怒情绪同其他情绪间的转换，如紧张、焦虑、羞愧、抑郁、恐惧、怨恨甚至仇恨等。例如，学生C被比自己弱的对手阻挡，多次投篮不进，恼羞成怒。为摆脱这种糟糕的感受或出于维护尊严和"面子"，学生C将输掉比赛归因于队友，认为是队友不好好打，而对队友发怒。正如Lindsay-Hartz等指出，愤怒是个体在羞愧情绪发生后可能表现出的后

---

[1] 陈少华. 情绪心理学 [M]. 广州：暨南大学出版社，2008.

[2] CHANGIZI M A, ZHANG Q, SHIMOJO S. Bare skin, blood and the evolution of primate colour vision[J]. Biology letters, 2006, 2（2）：217−221.

[3] FETTERMAN A K, ROBINSON M D, GORDON R D, et al. Anger as seeing red: perceptual sources of evidence[J]. Social psychological and personality science, 2011, 2（3）：311−316.

续反应之一[1]。例如，学生E因裁判漏判而生气、因对手的干扰而烦躁，但当他无力反抗或改变时，则归因为自己的身体不够强壮和没有好的体力足以对抗对手，因而其情绪由愤怒转变为怨恨。

由于体育竞赛对时间的限制和要求，随着比赛状况的持续变化，中学生的情绪转换更为快速，如同暴风骤雨，甚至在很短的时间内可以发生多种情绪间的转换及其程度上的变化。例如，因被阻挡，愤怒情绪骤然而生；因对手强大而焦虑或恐惧；因被对手侵犯但未报复而使愤怒压抑，产生仇恨。愤怒反应强度越大，自我被愤怒情绪卷入的程度也越深[2]，高水平的愤怒可导致反应性攻击[3]。

3.3.4 愤怒表达

中学生体育竞赛状态愤怒表达是中学生个体在体育竞赛中表达愤怒的倾向性。笔者通过分析发现，中学生体育竞赛状态愤怒表达方式的归类与Spielberger对愤怒表达的分类一致，即愤怒外投、愤怒内投和愤怒控制[4]。

3.3.4.1 愤怒外投

愤怒外投是个体向情境中的周围环境或他人表达愤怒，愤怒情绪更容易诱发与趋近动机相关的攻击行为[5]。虽然愤怒并不一定导致攻击行为，但愤怒经常会产生这样的后果[6]。当中学生感到强烈的愤怒时，处于高唤醒状态，其注意力和决断能力下降，不能很好地用理性去控制其行为，便很容易将怒气瞬间以言语攻击或肢体攻击的形式向外发泄到刺激者及周围的人或物上，常伴有报复之意，是应激下的行为失控，会直接引起暴力行为。例如，学生D："以最快的速度跑过去直接撞飞他，报复他，叫骂，绊他，当时根本控制不了，不想那么多，有火就先出了。"这多与中学生在体育竞赛中被侵犯有关，他们出于自我保护，希望重新调整受到伤害的自我价值感而转变自己的情绪，并试图通过新的敌对行为

[1] LINDSAY-HARTZ J，DE RIVERA J，MASCOLO M. Differentiating shame and guilt and their effects on motivation[M]. New York：Guilford Press，1998.
[2] 陈少华. 情绪心理学 [M]. 广州：暨南大学出版社，2008.
[3] ABRAMS M. Anger management in sport：understanding and controlling violence in athletes[M]. Champaign，IL：Human Kinetics，2010.
[4] SPIELBERGER C D. State-trait anger expression inventory-2[M]. Odessa：Psychological Assessment Resources，Inc，1999.
[5] WILKOWSKI B M，MEIER B P. Bring it on：angry facial expressions potentiate approach-motivated motor behavior[J]. Journal of personality and social psychology，2010，98（2）：201–210.
[6] 埃利斯，塔夫瑞特. 控制愤怒 [M]. 林旭文，译. 北京：机械工业出版社，2014.

来找回内心的平衡[1]，而这种敌对行为通常是向外的，以言语攻击或肢体攻击的形式投向于刺激者及周围的人或物（如体育器材、服装等），如"伸直胳膊和手指，用力指着他，边指边骂""用力推开他""把球狠狠地砸到地上""捶墙""抓住啥扔啥"等。愤怒还是一种互动的情感，愤怒的向外发泄同样会引发愤怒的反应，这种外投式的"补偿"方式很容易陷入一种以暴制暴的循环反应[2]。这种情况更容易出现在追求平等和公平、不服输、报复心切、敌对情绪强烈和好面子的中学生身上。中学生体育竞赛状态愤怒外投还具有一定的积极作用，可以作为维护尊严、增强自信、提高唤醒水平和增强运动表现的手段[3]。但无论出于何种动机的愤怒，高水平的愤怒外投都可能是控制愤怒的障碍之一[4]。

3.3.4.2 愤怒内投

愤怒内投是将愤怒压抑而没有外显的表达[5]，与防御行为相关，是一种回避动机方向[6]，表现为压抑情绪、拒绝合作、拒绝交流、埋怨自己、生闷气、逃离或躲避愤怒情境等。例如，学生E平时很努力训练，然而在正式比赛中发挥失常，屡屡失误，他对自己产生了愤怒情绪，并一直将愤怒压抑至比赛结束。当中学生未能完成难度较低的动作、无法达到既定目标或者在比赛中发挥失常时，他会对自己产生愤怒情绪，但不愿将怒火向他人或周围环境发泄，便努力压抑愤怒，跟自己较劲。中学生在体育竞赛中将愤怒内投还表现为因"害怕对手""怕吃亏""怕被处分""老师在旁边""不敢惹事""怕承担不起打架的后果"等而将愤怒内投，如"生闷气"。一些中学生倾向于将产生的愤怒情绪以内投的方式压抑或隐藏，其原因在于，怕破坏关系或气氛、怕被误解、怕被嫌弃、怕被惩罚或报复、怕承担不起发泄愤怒的后果以及不知道如何合理地表达愤怒等，认为没有必要、不应该、不敢或不会将愤怒向外表达出来。

[1] 卡斯特. 怒气与攻击 [M]. 章国锋，译. 北京：生活·读书·新知三联书店，2003.
[2] 卡斯特. 怒气与攻击 [M]. 章国锋，译. 北京：生活·读书·新知三联书店，2003.
[3] ABRAMS M. Anger management in sport：understanding and controlling violence in athletes[M]. Champaign，IL：Human Kinetics，2010.
[4] ZIMPRICH D，MASCHEREK A. Anger expression in Swiss adolescents：establishing measurement invariance across gender in the AX scales[J]. Journal of adolescence，2012，35（4）：1013–1022.
[5] SPIELBERGER C D. State-trait anger expression inventory−2[M]. Odessa：Psychological Assessment Resources，Inc，1999.
[6] 杜蕾. 愤怒的动机方向 [J]. 心理科学进展，2012，20（11）：1843–1849.

愤怒内投的表达方式可能随情境的变化而变化，是不稳定的[1,2]。对同一个体而言，愤怒内投在达到一定临界点时可以向愤怒外投转换[3]。受中学生的个性特征、体育竞赛中愤怒的刺激情境、愤怒程度及愤怒的承受阈限等多种主观、客观因素的影响，中学生在体育竞赛中愤怒表达方式由内投向外投转换的临界点有所差异。

3.3.4.3 愤怒控制

愤怒控制是个体有意识地将体验到的愤怒进行有效控制[4]，是较为理性的愤怒表达方式。5个个案反映出中学生在体育竞赛中只有当愤怒程度较低时能够较好地控制愤怒。通过当下的身体活动，一些中学生能够将愤怒情绪释放出来，并在体育规则的约束下避免过激行为的发生，同时，体育竞赛持续进行，他们做出判断的时间较短，不会对当下的情绪做过多关注，注意力也会很快转向正在进行的比赛。随着注意力的转移，愤怒的高唤醒状态逐渐降低为中唤醒状态或低唤醒状态，中学生能够较好地控制愤怒。但愤怒感强烈时，中学生在体育竞赛中的愤怒表达则多为向外发泄。

情绪的产生是一种本能反应，足够成熟和健康的理智系统可以在一定程度上有意识地调节和控制情绪。中学生难以控制高强度愤怒的原因在于，在中学生的大脑中，理智区尚未发育成熟，而情绪系统先于理智系统发育并成熟，使得他们很难用"弱小"的理智去控制"强大"的情绪，此时他们的行为更多受情绪的控制，这是大脑发育的阶段性特征[5]。中学阶段，很多学生已有了是非对错的观念，但"明知不可为而为之"，一些"不合理"行为很多是在情绪操控下自动发生的，正是由于大脑发育的这一阶段性特征，中学生还很难做到用道理来控制情绪，而且受大脑发育的影响，中学生认知发育仍不成熟，在诸如做决定、预知行为结果和解决复杂问题上的能力与成年人还有很大差距[6]。如何在高强度愤怒时控制愤怒是中学生体育竞赛状态愤怒研究的难点和未来发展方向。

[1]　杜蕾. 愤怒的动机方向 [J]. 心理科学进展，2012，20（11）：1843-1849.
[2]　PRICE T F, PETERSON C K, HARMON-JONES E. The emotive neuroscience of embodiment[J]. Motivation and emotion, 2012, 36（1）: 27-37.
[3]　邵阳，谢斌，张明岛. "状态-特质愤怒"理论概念及其临床研究现状 [J]. 上海精神医学，2010，22（2）：109-111.
[4]　SPIELBERGER C D. State-trait anger expression inventory-2[M]. Odessa：Psychological Assessment Resources, Inc, 1999.
[5]　COHEN L J. Playful parenting[M]. New York：Ballantine Books, 2002.
[6]　阿内特. 阿内特青少年心理学 [M]. 段鑫星，等译. 北京：中国人民大学出版社，2009.

　　对中学生体育竞赛状态愤怒的个案研究表明，中学生体育竞赛状态愤怒是一个四维的概念，由愤怒应激源、愤怒认知评价、愤怒反应和愤怒表达4个因素构成，这与很多心理学家从刺激事件、认知评价、感受、生理变化和行为等角度对情绪的定义有相似之处。但这5个方面是如何与环境中的事件相互联系的，是否相互关联，不同的情绪理论侧重点也有所不同，其中以坎农－巴德理论、詹姆斯－兰格理论和沙赫特－辛格理论较为著名。坎农－巴德理论认为情绪的认知评价、感受、生理/行为的产生是相互独立的[1,2]；而詹姆斯－兰格理论强调情绪感受是对由刺激事件的评价引起的身体行为和生理唤醒的知觉，评价在先，生理变化和行为在后[3]；沙赫特－辛格理论则认为，对情境的评价应在身体感觉和感受之后[4]。愤怒是一种基本的情绪，它的不同方面（包括刺激事件、认知评价、感受、生理变化和行为等）应是"团结统一"的[5]。本研究所提出的中学生体育竞赛状态愤怒的四维结构在遵循现有情绪理论的基础上，进一步强调了体育竞赛情境对中学生愤怒的作用，并认为感受和生理变化都是愤怒的反应，而行为是愤怒的表达。愤怒应激源、愤怒认知评价、愤怒反应和愤怒表达4个因素并非相互独立，而是共同解释了中学生体育竞赛状态愤怒的构成和发生过程，即中学生在体育竞赛中因感受到被侵犯或受到阻碍，在敌意归因偏差、资本凭借和归咎于人的认知评价作用下，产生愤怒的生理反应和心理反应，并以愤怒外投、愤怒内投或愤怒控制的方式表达愤怒。简言之，中学生体育竞赛状态愤怒是指中学生在体育竞赛情境中受到一些因素的强烈刺激，在认知评价的作用下产生的一种负性情绪反应，伴随着不同的愤怒表达方式。

[1] CANNON W B. The James–Lange theory of emotions: a critical examination and an alternative theory[J]. American journal of psychology，1927，39（1/4）：106–124.
[2] BARD P. On emotional expression after decortication with some remarks on certain theoretical views：part Ⅰ [J]. Psychological review，1934，41（4）：309–329.
[3] JAMES W. What is an emotion?[J]. Mind，1884，9（34）：188–205.
[4] SCHACHTER S，SINGER J. Cognitive，social，and physiological determinants of emotional state[J]. Psychological review，1962，69（5）：379–399.
[5] 施塔，卡拉特．情绪心理学：第2版 [M]．周仁来，等译．北京：中国轻工业出版社，2015.

3.4　小结

（1）中学生体育竞赛状态愤怒是指中学生在体育竞赛情境中受到一些因素的强烈刺激，在认知评价的作用下产生的一种负性情绪反应，伴随着不同的愤怒表达方式。

（2）中学生体育竞赛状态愤怒由愤怒应激源、愤怒认知评价、愤怒反应和愤怒表达4个因素构成。其中，愤怒应激源包括被侵犯和受到阻碍，愤怒认知评价包括敌意归因偏差、资本凭借和归咎于人，愤怒反应包括生理反应和心理反应，愤怒表达包括愤怒外投、愤怒内投和愤怒控制。

（3）本研究将意象对话情境体验技术融入深度访谈过程，是运动情绪研究领域在方法上的一个尝试，使中学生的愤怒体验尽可能接近真实情境。研究结果为中学生体育竞赛状态愤怒的理论构建及定量研究提供了理论支持，并为后续研究指明了方向。

4 中学生体育竞赛状态愤怒量表的编制与施测

4.1 引言

在已有体育竞赛愤怒的研究中，心理状态剖面图、简式心境状态量表中国修订版、状态-特质愤怒表达量表、竞赛攻击性和愤怒量表虽都曾被应用于测量体育竞赛愤怒，但考虑到量表针对具体研究问题的适应性，本研究基于个案研究的结果及资料，借鉴国内外已有愤怒量表，按照心理测量范式自编中学生体育竞赛状态愤怒量表，并检验量表的信度、效度，为测评中学生体育竞赛状态愤怒现状，以及进一步探索和验证中学生体育竞赛状态愤怒的结构提供有效的、有针对性的测量工具。

4.2 方法

4.2.1 被试

为尽可能减少误差，本研究被试的选择需满足以下条件：①年龄为13~18岁的在校中学生；②曾在近一年内参加过体育竞赛；③曾在体育竞赛中产生过愤怒。

4.2.1.1 预测被试

本研究采用分层抽样法和方便抽样法抽取符合条件的太原市某普通中学200名中学生和某中专学校120名中专学生作为预测被试。

4.2.1.2 正式施测被试

本研究采用分层抽样法和方便抽样法从山西省11个市、县的19所中学选取中学生4110名，最终选取3044名符合条件的中学生作为正式施测被试，其中初中生1313名（初一487名，初二430名，初三396名），高中生1731名（高一601名，高二679名，高三451名），男生1519名，女生1525名，平均年龄15.56±1.805岁。

4.2.2 量表编制过程

（1）根据Spielberger等的状态–特质愤怒理论及其编制的状态–特质愤怒表达量表编制一些条目。

（2）通过个案研究中对19名在校中学生的访谈，将访谈内容改编为相应的量表条目，建立量表题库。

（3）对题库中的条目进行小组讨论，请小组成员（具备扎实的运动心理学知识的在读博士和硕士研究生）对条目逐一进行审查，根据讨论意见删改词语使用不当、表述不当或含糊、意思重复和双主题的条目。

（4）征询专家建议，为避免愤怒的负性词汇引起的阻抗问题，条目中尽量避免过多使用负性词汇，并增加反向计分条目。

（5）根据平衡条目的顺序效应，对量表条目顺序进行调整，编制出含有224个条目的中学生体育竞赛状态愤怒量表初测量表（66个条目的愤怒应激源分量表、26个条目的愤怒认知评价分量表、58个条目的愤怒反应分量表和74个条目的愤怒表达分量表）。采用李克特（Likert）5级评分法（1=没有、完全不符合、根本不，5=极重、完全符合、非常强烈），得分越高，表明中学生在体育竞赛中的状态愤怒程度越高。

（6）对初测量表进行小规模施测，对回收的各分量表数据分别进行项目分析和探索性因素分析，以删减量表条目，并检验各分量表的信度、效度。

（7）对删除部分题项后的初测量表进行条目修改和调整，形成中学生体育竞赛状态愤怒量表正式施测量表。

（8）对正式施测量表进行大规模施测，对回收的各分量表数据先后进行项目分析、探索性因素分析和验证性因素分析以删减条目，并对整体量表进行因素分析，检验量表的整体信度、效度。

4.2.3　量表施测及数据处理

4.2.3.1　预测

组织学生集体施测，使用统一指导语指导学生作答。共计发放初测量表320份，回收量表291份，剔除无效量表63份，有效量表228份，有效回收率为78.4%。

4.2.3.2　正式施测

组织学生集体施测，使用统一指导语指导学生作答。共计发放正式施测量表4110份，回收有效量表3044份，有效回收率为74.1%。因验证性因素分析要求使用与探索性因素分析不同组的数据，所以对3044名中学生的数据按序号的奇偶分为两组，各组1522人。奇数组进行项目分析和探索性因素分析，偶数组进行验证性因素分析。

使用统计软件SPSS 21.0对量表进行项目分析、探索性因素分析及信度和效度检验。使用软件AMOS 21.0对量表进行验证性因素分析。

4.3　中学生体育竞赛状态愤怒应激源分量表的施测

4.3.1　中学生体育竞赛状态愤怒应激源分量表的预测

4.3.1.1　项目分析

通过项目分析对中学生体育竞赛状态愤怒应激源分量表初测量表的66个条目进行逐题分析，经辨别力分析、区分度分析、题总相关和题他相关分析删减量表的条目。

（1）采用标准差法检验条目的辨别力，即对标准差小于1的条目予以删除。经检验，仅Q1-12（SD=0.997）的标准差小于1，故删除。

（2）对剩余的65个条目进行区分度分析，即计算量表总分并排序，以总分高端的27%为高分组，以总分低端的27%为低分组，对高低分组进行独立样本 *t*

检验，发现65个条目的显著性水平均小于0.05，故无删除条目。

（3）计算剩余65个条目各条目之间的题他相关以及各条目与量表总分之间的题总相关，无条目的题总相关系数小于0.4。

经项目分析，删除1个条目，保留65个条目。

4.3.1.2 探索性因素分析

对剩余的65个条目进行探索性因素分析，结果显示，KMO值为0.924，Bartlett球形检验卡方值为8940.041（P=0.000），表明适合做因素分析。通过主成分分析和正交旋转，以特征值大于1提取2个因素，累计方差贡献率47.415%。以共同度小于0.2、因子载荷小于0.4、跨因子载荷大于0.15为删除条目的标准，共删除19个条目（Q1-1、Q1-2、Q1-3、Q1-4、Q1-6、Q1-7、Q1-13、Q1-16、Q1-17、Q1-24、Q1-32、Q1-33、Q1-34、Q1-39、Q1-54、Q1-55、Q1-60、Q1-65、Q1-66），剩余46个条目。

考虑到删除条目较多会对总分产生影响，对剩余的46个条目重做项目分析和探索性因素分析，删除跨因子载荷大于0.15的条目Q1-56，剩余45个条目。对剩余的45个条目重做项目分析和探索性因素分析，无删除条目。

探索性因素分析结果显示，KMO值为0.926，Bartlett球形检验卡方值为6156.137（P=0.000），累计方差贡献率52.987%，所有条目共同度均大于0.2、因子载荷均大于0.4，无跨因子载荷大于0.15的条目。

通过对中学生体育竞赛状态愤怒应激源分量表初测量表进行项目分析和探索性因素分析，共删除21个条目，保留45个条目。

4.3.1.3 信度和效度检验

采用Cronbach's α内部一致性系数检验中学生体育竞赛状态愤怒应激源分量表初测量表的信度，结果显示，因素1的Cronbach's α为0.960，因素2的Cronbach's α为0.952，总量表的Cronbach's α为0.967，表明中学生体育竞赛状态愤怒应激源分量表初测量表的信度很好。

通过探索性因素分析检验中学生体育竞赛状态愤怒应激源分量表初测量表的结构效度，结果表明，以主成分分析和正交旋转提取的2个因素特征值均大于1，累计方差贡献率达52.987%，即这2个因素可解释总量表52.987%的信息，表明中学生体育竞赛状态愤怒应激源分量表初测量表的结构效度较好。

4.3.2 中学生体育竞赛状态愤怒应激源分量表的正式施测

4.3.2.1 项目分析

通过项目分析对中学生体育竞赛状态愤怒应激源分量表的45个条目进行逐题分析，经辨别力分析、区分度分析、题总相关和题他相关分析删减量表的条目（表4-1）。

表 4-1 中学生体育竞赛状态愤怒应激源分量表的项目分析

条目	$M \pm SD$	t	r	条目	$M \pm SD$	t	r
Q1–1	2.60 ± 1.236	−22.703**	0.522**	Q1–24	2.39 ± 1.158	−23.360**	0.537**
Q1–2	2.73 ± 1.033	−18.587**	0.463**	Q1–25	3.12 ± 1.259	−33.589**	0.692**
Q1–3	2.28 ± 1.076	−14.806**	0.395**	Q1–26	2.40 ± 1.033	−24.795**	0.594**
Q1–4	3.03 ± 1.410	−24.714**	0.548**	Q1–27	3.37 ± 1.292	−32.840**	0.709**
Q1–5	2.80 ± 1.035	−23.354**	0.546**	Q1–28	2.96 ± 1.131	−27.175**	0.613**
Q1–6	2.23 ± 1.055	−15.797**	0.415**	Q1–29	3.15 ± 1.259	−32.027**	0.686**
Q1–7	3.59 ± 1.287	−31.585**	0.661**	Q1–30	2.83 ± 1.103	−28.983**	0.645**
Q1–8	2.82 ± 1.056	−22.245**	0.551**	Q1–31	3.16 ± 1.247	−32.556**	0.703**
Q1–9	2.36 ± 1.085	−16.283**	0.419**	Q1–32	3.10 ± 1.143	−28.108**	0.642**
Q1–10	3.46 ± 1.263	−29.114**	0.654**	Q1–33	3.35 ± 1.317	−32.599**	0.699**
Q1–11	2.63 ± 1.032	−25.627**	0.581**	Q1–34	2.69 ± 1.145	−23.784**	0.569**
Q1–12	2.52 ± 1.034	−21.540**	0.526**	Q1–35	3.43 ± 1.314	−33.685**	0.694**
Q1–13	3.39 ± 1.274	−29.371**	0.639**	Q1–36	3.06 ± 1.188	−30.498**	0.673**
Q1–14	2.75 ± 1.035	−22.776**	0.555**	Q1–37	3.60 ± 1.256	−30.218**	0.681**
Q1–15	2.06 ± 1.059	−14.604**	0.378**	Q1–38	3.85 ± 1.286	−34.080**	0.715**
Q1–16	3.10 ± 1.293	−29.292**	0.632**	Q1–39	3.86 ± 1.287	−33.787**	0.710**
Q1–17	2.26 ± 1.135	−15.220**	0.384**	Q1–40	3.56 ± 1.308	−35.238**	0.707**
Q1–18	1.86 ± 1.044	−7.680**	0.228**	Q1–41	3.53 ± 1.293	−35.452**	0.713**
Q1–19	3.01 ± 1.362	−29.580**	0.625**	Q1–42	3.63 ± 1.314	−35.135**	0.712**
Q1–20	2.32 ± 1.059	−15.247**	0.425**	Q1–43	3.96 ± 1.315	−30.612**	0.706**
Q1–21	2.28 ± 1.111	−15.664**	0.414**	Q1–44	3.41 ± 1.285	−28.951**	0.662**
Q1–22	3.28 ± 1.317	−29.530**	0.649**	Q1–45	3.20 ± 1.352	−28.762**	0.635**
Q1–23	2.31 ± 1.041	−17.472**	0.447**				

注：**表示$P < 0.01$。

（1）采用标准差法检验条目的辨别力。经检验，无标准差小于1的条目。

（2）对45个条目进行区分度分析，即计算量表总分并排序，以总分高端的27%为高分组，以总分低端的27%为低分组，对高低分组进行独立样本 t 检验，发现45个条目的显著性水平均小于0.05，故无删除条目。

（3）计算剩余45个条目各条目之间的题他相关以及各条目与量表总分之间的题总相关，删除题总相关系数小于0.4的条目Q1-3、Q1-15、Q1-17、Q1-18，删除题他相关系数大于0.4的条目Q1-36。

经项目分析，共删除5个条目，保留40个条目。

4.3.2.2 探索性因素分析

为初步确定量表的结构，对剩余的40个条目进行探索性因素分析，结果显示，KMO值为0.968，Bartlett球形检验卡方值为39 845.659（P=0.000），表明适合做因素分析。通过主成分分析和正交旋转，以特征值大于1提取2个因素，累计方差贡献率49.670%。因条目Q1-1、Q1-4、Q1-6、Q1-9、Q1-21、Q1-24、Q1-34的因子载荷小于0.4，故删除。无跨因子载荷大于0.15的条目，共删除7个条目，余33个条目。考虑到删除条目较多会对总分产生影响，对剩余的33个条目重做项目分析和探索性因素分析，无删除条目。

探索性因素分析结果表明，中学生体育竞赛状态愤怒应激源分量表删除条目7个，保留33个，提取2个因素，累计方差贡献率54.340%（χ^2=34 320.284，df=528，P=0.000，KMO=0.967），每个因素的条目因子载荷均大于0.4，且无跨因子载荷大于0.15的条目（表4-2）。按照各因素条目下的共同性，将因素1命名为被侵犯，因素2命名为受到阻碍。

表 4-2　中学生体育竞赛状态愤怒应激源分量表的因素结构

条目	因素1	因素2	共同度
Q1-43	0.834	—	0.705
Q1-39	0.817	—	0.683
Q1-38	0.805	—	0.670
Q1-35	0.798	—	0.646
Q1-42	0.791	—	0.649
Q1-41	0.778	—	0.632
Q1-33	0.776	—	0.623
Q1-27	0.776	—	0.625
Q1-40	0.757	—	0.607
Q1-37	0.752	—	0.589
Q1-25	0.723	—	0.557
Q1-31	0.702	—	0.546
Q1-29	0.695	—	0.533

条目	因素1	因素2	共同度
Q1-22	0.676	—	0.482
Q1-45	0.658	—	0.462
Q1-7	0.655	—	0.474
Q1-44	0.640	—	0.487
Q1-10	0.643	—	0.473
Q1-13	0.630	—	0.449
Q1-19	0.630	—	0.429
Q1-16	0.605	—	0.418
Q1-11	—	0.771	0.626
Q1-14	—	0.757	0.598
Q1-23	—	0.731	0.534
Q1-5	—	0.698	0.524
Q1-30	—	0.696	0.582
Q1-12	—	0.679	0.483
Q1-20	—	0.670	0.450
Q1-2	—	0.668	0.456
Q1-28	—	0.658	0.523
Q1-8	—	0.642	0.458
Q1-32	—	0.619	0.519
Q1-26	—	0.592	0.431

4.3.2.3 验证性因素分析

根据探索性因素分析结果，进一步使用软件AMOS 21.0对中学生体育竞赛状态愤怒应激源分量表的偶数组数据进行验证性因素分析，并构建中学生体育竞赛状态愤怒应激源一阶二因子模型，以验证量表结构的稳定性。

为保证模型具有良好的结构效度，通过因子载荷小于0.45以及修正指数（M.I.）对模型进行修正。经模型修正，中学生体育竞赛状态愤怒应激源分量表删除16个条目（Q1-5、Q1-10、Q1-13、Q1-14、Q1-16、Q1-19、Q1-20、Q1-31、Q1-35、Q1-38、Q1-39、Q1-40、Q1-41、Q1-42、Q1-43、Q1-44）。模型修正后重新验证模型，构建出含有17个条目的中学生体育竞赛状态愤怒应激源结构模型（图4-1），中学生体育竞赛状态愤怒应激源分量表结构模型的载荷系数值见表4-3。

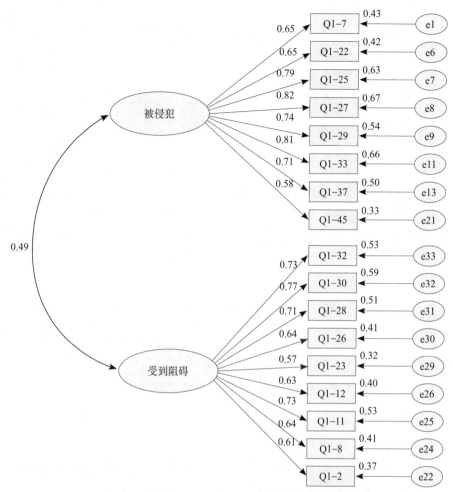

图4-1 中学生体育竞赛状态愤怒应激源结构模型

表 4-3 中学生体育竞赛状态愤怒应激源分量表结构模型的载荷系数值

维度及题项	非标准估计	标准估计	S.E.	C.R.	P
被侵犯 <--> 受到阻碍	0.344	0.490	0.047	7.299	***
Q1-7 <--- 被侵犯	1.000	0.654	—	—	—
Q1-22 <--- 被侵犯	1.005	0.649	0.083	12.178	***
Q1-25 <--- 被侵犯	1.171	0.793	0.081	14.370	***
Q1-27 <--- 被侵犯	1.244	0.818	0.085	14.711	***
Q1-29 <--- 被侵犯	1.087	0.736	0.080	13.526	***
Q1-33 <--- 被侵犯	1.261	0.812	0.086	14.633	***
Q1-37 <--- 被侵犯	1.056	0.705	0.081	13.061	***

维度及题项	非标准估计	标准估计	S.E.	C.R.	P
Q1-45 <--- 被侵犯	0.944	0.576	0.086	10.975	***
Q1-32 <--- 受到阻碍	1.000	0.730	—	—	—
Q1-30 <--- 受到阻碍	0.974	0.765	0.063	15.508	***
Q1-28 <--- 受到阻碍	0.946	0.713	0.065	14.449	***
Q1-26 <--- 受到阻碍	0.748	0.642	0.058	12.979	***
Q1-23 <--- 受到阻碍	0.705	0.566	0.062	11.427	***
Q1-12 <--- 受到阻碍	0.763	0.634	0.060	12.812	***
Q1-11 <--- 受到阻碍	0.853	0.729	0.058	14.767	***
Q1-8 <--- 受到阻碍	0.780	0.638	0.060	12.899	***
Q1-2 <--- 受到阻碍	0.764	0.610	0.062	12.328	***

注：***表示 $P<0.001$。

结果显示，$\chi^2/df=2.572$，RMSEA=0.059，GFI=0.926，AGFI=0.904，NFI=0.916，CFI=0.946，IFI=0.947，模型拟合指数均达到推荐标准（$\chi^2/df<5$、RMSEA<0.08，GFI、AGFI、NFI、CFI和IFI均>0.9）[1-3]，各条目在潜变量上的载荷均在0.45以上，且达到非常显著的水平，表明中学生体育竞赛状态愤怒应激源结构模型拟合度较为理想。

4.3.2.4 信度和效度检验

采用Cronbach's α内部一致性系数检验中学生体育竞赛状态愤怒应激源分量表的信度，结果显示，因素1的Cronbach's α为0.904，因素2的Cronbach's α为0.877，总量表的Cronbach's α为0.909，表明中学生体育竞赛状态愤怒应激源分量表信度较好。

验证性因素分析的结果表明，构建的中学生体育竞赛状态愤怒应激源结构模型的拟合指数达到推荐指标，表明中学生体育竞赛状态愤怒应激源分量表具有较好的结构效度。

[1] 毕重增，黄希庭. 青年学生自信问卷的编制 [J]. 心理学报，2009，41（5）：444-453.
[2] BROWNE M W，CUDECK R. Alternative ways of assessing model fit[M]//BOLLEN K A，LONG J S. Testing structural equation models. Newbury Park：Sage Publications，1993.
[3] SHARMA S，MUKHERJEE S，KUMAR A，et al. A simulation study to investigate the use of cutoff values for assessing model fit in covariance structure models[J]. Journal of business research，2005，58（7）：935-943.

4.4   中学生体育竞赛状态愤怒认知评价分量表的施测

4.4.1   中学生体育竞赛状态愤怒认知评价分量表的预测

4.4.1.1 项目分析

经项目分析，对中学生体育竞赛状态愤怒认知评价分量表初测量表的26个条目进行删减。其中，辨别力分析删除标准差小于1的条目Q2-1和Q2-17；区分度分析无删除条目；题总相关分析删除r小于0.4的条目Q2-3和Q2-7，题他相关分析无删除条目。项目分析共删除4个条目，保留22个条目。

4.4.1.2 探索性因素分析

对剩余的22个条目进行探索性因素分析，结果显示，KMO值为0.890，Bartlett球形检验卡方值为1493.499（P=0.000），表明适合做因素分析。通过主成分分析和正交旋转，以特征值大于1提取4个因素，累计方差贡献率54.867%。以因子载荷小于0.4删除条目Q2-2和Q2-13，删除跨因子载荷大于0.15的条目Q2-12和Q2-23，共删除4个条目，剩余18个条目。

考虑到删除条目较多会对总分产生影响，对剩余的18个条目重做项目分析和探索性因素分析，删除因子载荷小于0.4的条目Q2-5和跨因子载荷大于0.15的条目Q2-25，共删除2个条目。对剩余的16个条目重做项目分析和探索性因素分析，无删除条目。

探索性因素分析结果显示，KMO值为0.864，Bartlett球形检验卡方值为989.128（P=0.000），累计方差贡献率60.905%，所有条目共同度均大于0.2、因子载荷均大于0.4，无跨因子载荷大于0.15的条目。

通过对中学生体育竞赛状态愤怒认知评价分量表初测量表进行项目分析和探索性因素分析，共删除10个条目，保留16个条目。

4.4.1.3 信度和效度检验

采用Cronbach's α内部一致性系数检验中学生体育竞赛状态愤怒认知评价分量表初测量表的信度，结果显示，因素1的Cronbach's α为0.799，因素2的Cronbach's α为0.750，因素3的Cronbach's α为0.753，因素4的Cronbach's α为0.728，总量表的Cronbach's α为0.871，表明中学生体育竞赛状态愤怒认知评价分量表初测量表的信度较好。

通过探索性因素分析检验中学生体育竞赛状态愤怒认知评价分量表初测量表的结构效度，结果表明，以主成分分析和正交旋转提取的4个因素，特征值均大于1，累计方差贡献率达60.905%，即这4个因素可解释总量表60.905%的信息，表明中学生体育竞赛状态愤怒认知评价分量表初测量表的结构效度较好。

4.4.2　中学生体育竞赛状态愤怒认知评价分量表的正式施测

4.4.2.1　项目分析

通过项目分析对中学生体育竞赛状态愤怒认知评价分量表的16个条目进行逐题分析，经辨别力分析、区分度分析、题总相关和题他相关分析无删除条目（表4-4）。

表4-4　中学生体育竞赛状态愤怒认知评价分量表的项目分析

条目	$M \pm SD$	t	r	条目	$M \pm SD$	t	r
Q2-1	2.57 ± 1.126	−20.319**	0.538**	Q2-9	2.51 ± 1.111	−30.944**	0.674**
Q2-2	2.15 ± 1.071	−25.954**	0.614**	Q2-10	2.07 ± 1.001	−28.281**	0.644**
Q2-3	3.06 ± 1.187	−23.969**	0.586**	Q2-11	2.44 ± 1.160	−29.615**	0.657**
Q2-4	2.72 ± 1.141	−26.465**	0.640**	Q2-12	2.32 ± 1.180	−26.138**	0.602**
Q2-5	2.95 ± 1.200	−20.351**	0.552**	Q2-13	2.62 ± 1.134	−28.097**	0.656**
Q2-6	2.84 ± 1.246	−27.045**	0.628**	Q2-14	1.98 ± 1.048	−26.441**	0.627**
Q2-7	2.62 ± 1.134	−28.097**	0.656**	Q2-15	1.81 ± 1.053	−20.205**	0.539**
Q2-8	1.81 ± 1.053	−20.205**	0.539**	Q2-16	2.76 ± 1.220	−24.053**	0.585**

注：**表示$P < 0.01$。

4.4.2.2　探索性因素分析

为初步确定量表的结构，对剩余的16个条目进行探索性因素分析，结果显示，KMO值为0.932，Bartlett球形检验卡方值为9175.670（$P=0.000$），表明适合做因素分析。通过主成分分析和正交旋转，以特征值大于1提取3个因素，累计方差贡献率51.198%。删除因子载荷小于0.4的条目（Q2-2），删除双载荷的条目（Q2-13、Q2-15），共删除3个条目，剩余13个条目。考虑到删除条目较多会对总分产生影响，对剩余的13个条目重做项目分析和探索性因素分析，无删除条目。

探索性因素分析结果表明，中学生体育竞赛状态愤怒认知评价分量表删除条目3个，保留13个，提取3个因素，累计方差贡献率57.814%（χ^2=6204.216， df=78，*P*=0.000，KMO=0.909），每个因素的条目因子载荷均大于0.4，且无跨因子载荷大于0.15的条目（表4-5）。按照各因素条目的共同性，将因素1命名为敌意归因偏差，因素2命名为资本凭借，因素3命名为归咎于人。

表4-5　中学生体育竞赛状态愤怒认知评价分量表的因素结构

条目	因素1	因素2	因素3	共同度
Q2-6	0.742	—	—	0.619
Q2-1	0.723	—	—	0.543
Q2-16	0.641	—	—	0.483
Q2-4	0.640	—	—	0.534
Q2-9	0.607	—	—	0.567
Q2-14	—	0.738	—	0.596
Q2-8	—	0.715	—	0.536
Q2-12	—	0.691	—	0.542
Q2-5	—	—	0.800	0.677
Q2-3	—	—	0.734	0.626
Q2-7	—	—	0.701	0.628
Q2-10	—	—	0.691	0.555
Q2-11	—	—	0.645	0.534

4.4.2.3　验证性因素分析

根据探索性因素分析结果，进一步使用软件AMOS 21.0对中学生体育竞赛状态愤怒认知评价分量表的偶数组数据进行验证性因素分析，并构建中学生体育竞赛状态愤怒认知评价一阶三因子模型，以验证量表结构的稳定性。

为保证模型具有良好的结构效度，通过因子载荷小于0.45以及修正指数（M.I.）对模型进行修正。经模型修正，中学生体育竞赛状态愤怒认知评价分量表删除Q2-10条目。模型修正后重新验证模型，构建出含有12个条目的中学生体育竞赛状态愤怒认知评价结构模型（图4-2），模型载荷系数值见表4-6。

结果显示，χ^2/df=2.736，RMSEA=0.066，GFI=0.944，AGFI=0.914，NFI=0.904，CFI=0.936，IFI=0.937，模型拟合指数均达到推荐标准（χ^2/df<5、RMSEA<0.08，GFI、AGFI、NFI、CFI和IFI均>0.9），各条目在潜变量上的载荷均在0.45以上，且达到非常显著的水平，表明中学生体育竞赛状态愤怒认知评价结构模型拟合度较为理想。

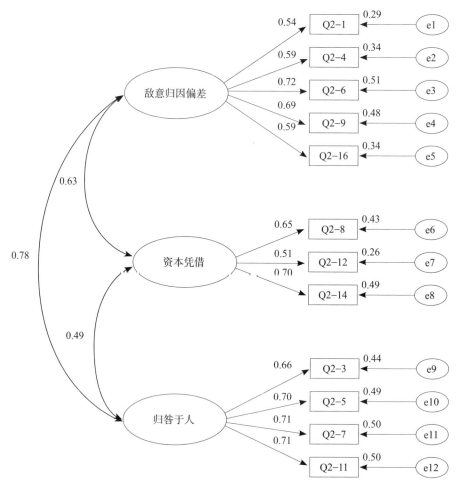

图4-2 中学生体育竞赛状态愤怒认知评价结构模型

表4-6 中学生体育竞赛状态愤怒认知评价分量表结构模型的载荷系数值

维度及题项			非标准估计	标准估计	S.E.	C.R.	P
资本凭借	<-->	归咎于人	0.256	0.488	0.045	5.745	***
敌意归因偏差	<-->	归咎于人	0.356	0.783	0.049	7.207	***
敌意归因偏差	<-->	资本凭借	0.258	0.626	0.042	6.206	***
Q2-1	<---	敌意归因偏差	1.000	0.543	—	—	—
Q2-4	<---	敌意归因偏差	1.068	0.586	0.124	8.577	***
Q2-6	<---	敌意归因偏差	1.470	0.716	0.153	9.621	***
Q2-9	<---	敌意归因偏差	1.310	0.692	0.138	9.458	***
Q2-16	<---	敌意归因偏差	1.167	0.585	0.136	8.565	***
Q2-8	<---	资本凭借	1.000	0.652	—	—	—

维度及题项			非标准估计	标准估计	S.E.	C.R.	P
Q2–12	<---	资本凭借	0.846	0.509	0.112	7.518	***
Q2–14	<---	资本凭借	0.992	0.697	0.115	8.641	***
Q2–3	<---	归咎于人	1.000	0.660	—	—	—
Q2–5	<---	归咎于人	1.085	0.700	0.096	11.309	***
Q2–7	<---	归咎于人	1.049	0.708	0.092	11.403	***
Q2–11	<---	归咎于人	1.019	0.710	0.089	11.422	***

注：***表示 $P < 0.001$。

4.4.2.4 信度和效度检验

采用 Cronbach's α 内部一致性系数检验中学生体育竞赛状态愤怒认知评价分量表的信度，结果显示，因素1的 Cronbach's α 为0.782，因素2的 Cronbach's α 为0.663，因素3的 Cronbach's α 为0.791，总量表的 Cronbach's α 为0.861，表明中学生体育竞赛状态愤怒认知评价分量表信度较好。

验证性因素分析的结果表明，构建的中学生体育竞赛状态愤怒认知评价结构模型的拟合指数达到推荐指标，表明中学生体育竞赛状态愤怒认知评价分量表具有较好的结构效度。

4.5 中学生体育竞赛状态愤怒反应分量表的施测

4.5.1 中学生体育竞赛状态愤怒反应分量表的预测

4.5.1.1 项目分析

经项目分析，对中学生体育竞赛状态愤怒反应分量表初测量表58个条目进行删减。其中，辨别力分析中，条目Q3–1标准差小于1，故删除；区分度分析无删除条目；题总相关分析删除 r 小于0.4的条目Q3–4、Q3–9、Q3–13和Q3–14，题他相关分析无删除条目。项目分析共删除5个条目，保留53个条目。

4.5.1.2 探索性因素分析

对剩余的53个条目进行探索性因素分析，结果显示，KMO值为0.880，Bartlett球形检验卡方值为5620.528（P=0.000），表明适合做因素分析。通过主成分分析和斜交旋转，以特征值大于1提取3个因素，累计方差贡献率42.300%。以载荷小于0.4删除条目Q3-2、Q3-3、Q3-5、Q3-6、Q3-7、Q3-8、Q3-10、Q3-11、Q3-19、Q3-20、Q3-21、Q3-25、Q3-26、Q3-28、Q3-29、Q3-31、Q3-33、Q3-35、Q3-37、Q3-38、Q3-39、Q3-41、Q3-42，无跨因子载荷大于0.15的条目，共删除23个条目，剩余30个条目。

考虑到删除条目较多会对总分产生影响，对剩余的30个条目重做项目分析和探索性因素分析，无删除条目。通过主成分分析和斜交旋转，以特征值大于1提取2个因素。结果显示，KMO值为0.904，Bartlett球形检验卡方值为2917.452（$P=0.000$），累计方差贡献率45.828%，所有条目共同度均大于0.2、因子载荷均大于0.4，无跨因子载荷大于0.15的条目。

通过对中学生体育竞赛状态愤怒反应分量表初测量表进行项目分析和探索性因素分析，共删除28个条目，保留30个条目。

4.5.1.3 信度和效度检验

采用Cronbach's α内部一致性系数检验中学生体育竞赛状态愤怒反应分量表初测量表的信度，结果显示，因素1的Cronbach's α为0.939，因素2的Cronbach's α为0.832，总量表的Cronbach's α为0.941，表明中学生体育竞赛状态愤怒反应分量表初测量表的信度很好。

通过探索性因素分析检验中学生体育竞赛状态愤怒反应分量表初测量表的结构效度，结果表明，以主成分分析和斜交旋转提取的2个因素，特征值均大于1，累计方差贡献率达45.828%，即这2个因素可解释总量表45.828%的信息，表明中学生体育竞赛状态愤怒反应分量表初测量表的结构效度较好。

4.5.2 中学生体育竞赛状态愤怒反应分量表的正式施测

4.5.2.1 项目分析

经项目分析，对中学生体育竞赛状态愤怒反应分量表的30个条目进行删减（表4-7）。其中，辨别力分析删除标准差小于1的条目Q3-1，区分度分析、题总相关分析和题他相关分析无删除条目，剩余29个条目。

表 4-7　中学生体育竞赛状态愤怒反应分量表的项目分析

条目	$M \pm SD$	t	r	条目	$M \pm SD$	t	r
Q3-1	2.08 ± 0.964	—	—	Q3-16	1.85 ± 1.137	-20.098	0.534**
Q3-2	2.41 ± 1.096	-19.863**	0.489**	Q3-17	2.02 ± 1.010	-23.654**	0.634**
Q3-3	2.46 ± 1.065	-25.495**	0.587**	Q3-18	2.13 ± 1.097	-21.268**	0.539**
Q3-4	2.34 ± 1.318	-30.006**	0.642**	Q3-19	2.28 ± 1.152	-26.170**	0.626**
Q3-5	2.55 ± 1.168	-23.256**	0.561**	Q3-20	2.04 ± 1.183	-33.003**	0.718**
Q3-6	2.43 ± 1.215	-32.844**	0.708**	Q3-21	2.31 ± 1.220	-27.190**	0.612**
Q3-7	2.96 ± 1.206	-27.807**	0.605**	Q3-22	2.66 ± 1.284	-25.237	0.566**
Q3-8	2.06 ± 1.157	-25.798**	0.614**	Q3-23	2.29 ± 1.157	-33.049**	0.719**
Q3-9	2.24 ± 1.199	-30.145**	0.659**	Q3-24	2.48 ± 1.220	-35.155**	0.714**
Q3-10	2.44 ± 1.208	-30.262**	0.667**	Q3-25	2.08 ± 1.215	-26.784**	0.631**
Q3-11	2.15 ± 1.276	-31.695**	0.691**	Q3-26	1.86 ± 1.126	-20.548	0.543
Q3-12	2.45 ± 1.151	-25.618**	0.628**	Q3-27	2.74 ± 1.248	-30.692**	0.641**
Q3-13	2.17 ± 1.233	-26.333**	0.613**	Q3-28	2.39 ± 1.262	-31.396**	0.669**
Q3-14	2.15 ± 1.270	-31.804**	0.690**	Q3-29	2.66 ± 1.226	-31.396**	0.696**
Q3-15	2.21 ± 1.260	-29.666**	0.664**	Q3-30	2.53 ± 1.304	-27.370**	0.621**

注：**表示$P < 0.01$。

4.5.2.2 探索性因素分析

为初步确定中学生体育竞赛状态愤怒反应分量表的结构，对剩余的29个条目进行探索性因素分析。结果显示，KMO值为0.962，Bartlett球形检验卡方值为21744.002（$P=0.000$），表明适合做因素分析。通过主成分分析和斜交旋转，以特征值大于1提取2个因素，累计方差贡献率44.311%。删除因子载荷小于0.4的条目Q3-2、Q3-7、Q3-13、Q3-22、Q3-26，剩余24个条目。

因考虑删除条目较多而对总分产生影响，对剩余的24个条目重做项目分析和探索性因素分析，删除载荷小于0.4的条目Q3-12、Q3-16、Q3-18、Q3-30，无双载荷的条目，共删除4个条目，剩余20个条目。对剩余的20个条目重做项目分析和探索性因素分析，无删除条目。

探索性因素分析结果表明，中学生体育竞赛状态愤怒反应分量表删除条目9个，保留20个，提取2个因素，累计方差贡献率51.706%（$\chi^2=14230.552$，df=190，$P=0.000$，KMO=0.956），每个因素的条目因子载荷均大于0.4，且无跨因子载荷大于0.15的条目（表4-8）。按照各因素条目的共同性，将因素1命名为心理反应，因素2命名为生理反应。

表 4-8　中学生体育竞赛状态愤怒反应分量表的因素结构

条目	因素 1	因素 2	共同度
Q3-11	0.794	—	0.575
Q3-4	0.768	—	0.505
Q3-14	0.750	—	0.536
Q3-23	0.735	—	0.594
Q3-27	0.714	—	0.464
Q3-25	0.699	—	0.468
Q3-17	0.642	—	0.459
Q3-6	0.612	—	0.529
Q3-29	0.595	—	0.502
Q3-20	0.585	—	0.562
Q3-5	—	0.802	0.537
Q3-15	—	0.768	0.507
Q3-21	—	0.710	0.535
Q3-8	—	0.706	0.531
Q3-3	—	0.705	0.496
Q3-19	—	0.700	0.545
Q3-24	—	0.695	0.551
Q3-10	—	0.616	0.534
Q3-28	—	0.571	0.447
Q3-9	—	0.453	0.465

4.5.2.3 验证性因素分析

根据探索性因素分析结果，进一步使用软件 AMOS 21.0 对中学生体育竞赛状态愤怒反应分量表的偶数组数据进行验证性因素分析，并构建中学生体育竞赛状态愤怒反应一阶二因子模型，以验证量表结构的稳定性。

为保证模型具有良好的结构效度，通过因子载荷小于 0.45 以及修正指数（M.I.）对模型进行修正。经模型修正，中学生体育竞赛状态愤怒反应分量表共删除 7 个条目（Q3-9、Q3-17、Q3-19、Q3-20、Q3-24、Q3-27、Q3-29）。模型修正后重新验证，构建出含有 13 个条目的中学生体育竞赛状态愤怒反应结构模型（图 4-3），模型载荷系数值见表 4-9。

结 果 显 示，$\chi^2/df=3.059$，RMSEA=0.064，GFI=0.944，AGFI=0.916，NFI=0.924，CFI=0.947，IFI=0.947，模型拟合指数均达到推荐标准（$\chi^2/df<5$、RMSEA<0.08，

GFI、AGFI、NFI、CFI和IFI均>0.9），各条目在潜变量上的载荷均在0.45以上，且达到非常显著的水平，表明中学生体育竞赛状态愤怒反应结构模型拟合度较为理想。

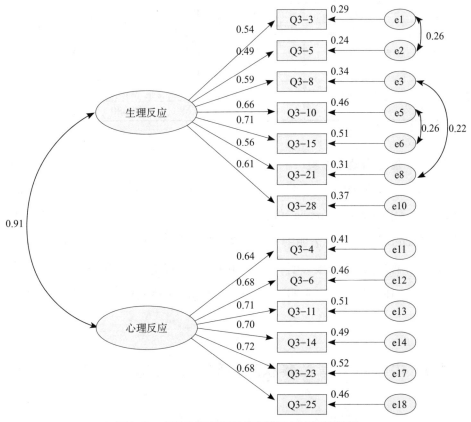

图4-3 中学生体育竞赛状态愤怒反应结构模型

表 4-9 中学生体育竞赛状态愤怒反应分量表结构模型的载荷系数值

维度及题项	非标准估计	标准估计	S.E.	C.R.	P
生理反应 <---> 心理反应	0.443	0.909	0.052	8.531	***
e1 <---> e2	0.250	0.258	0.048	5.210	***
e3 <---> e8	0.211	0.218	0.049	4.326	***
e5 <---> e6	−0.216	−0.260	0.047	−4.645	***
Q3−3 <--- 生理反应	1.000	0.539	—	—	—
Q3−5 <--- 生理反应	1.011	0.494	0.099	10.215	***
Q3−8 <--- 生理反应	1.140	0.585	0.116	9.870	***
Q3−10 <--- 生理反应	1.447	0.681	0.135	10.681	***
Q3−15 <--- 生理反应	1.557	0.712	0.142	10.968	***

维度及题项	非标准估计	标准估计	S.E.	C.R.	P
Q3-21 <--- 生理反应	1.193	0.561	0.124	9.592	***
Q3-28 <--- 生理反应	1.334	0.607	0.132	10.116	***
Q3-4 <--- 心理反应	1.000	0.639	—	—	—
Q3-6 <--- 心理反应	0.981	0.681	0.077	12.816	***
Q3-11 <--- 心理反应	1.079	0.712	0.081	13.267	***
Q3-14 <--- 心理反应	1.087	0.697	0.083	13.046	***
Q3-23 <--- 心理反应	1.018	0.718	0.076	13.350	***
Q3-25 <--- 心理反应	1.026	0.680	0.080	12.789	***

注：***表示 $P < 0.001$。

4.5.2.4 信度和效度检验

采用Cronbach's α内部一致性系数检验中学生体育竞赛状态愤怒反应分量表的信度，结果显示因素1的Cronbach's α为0.816，因素2的Cronbach's α为0.847，总量表的Cronbach's α为0.897，表明中学生体育竞赛状态愤怒反应分量表信度较好。

验证性因素分析的结果表明，构建的中学生体育竞赛状态愤怒反应结构模型的拟合指数达到推荐指标，表明中学生体育竞赛状态愤怒反应分量表具有较好的结构效度。

4.6 中学生体育竞赛状态愤怒表达分量表的施测

4.6.1 中学生体育竞赛状态愤怒表达分量表的预测

4.6.1.1 项目分析

经项目分析，对中学生体育竞赛状态愤怒表达分量表初测量表74个条目进行删减。其中，辨别力分析中，条目Q4-1和Q4-45标准差小于1，故删除；区分度分析删除条目Q4-27、Q4-43、Q4-47；题总相关分析删除 r 小于0.4的条目Q4-19、Q4-28、Q4-31、Q4-40、题他相关分析无删除条目。共删除9个条目，剩余65个条目。

4.6.1.2 探索性因素分析

对剩余的65个条目进行探索性因素分析，结果显示，KMO值为0.910，Bartlett球形检验卡方值为4875.922（P=0.000），表明适合做因素分析。通过主成分分析和正交旋转，以特征值大于1提取5个因素，累计方差贡献率51.794%。以载荷小于0.4删除条目Q4-8、Q4-23、Q4-32、Q4-68、删除跨因子载荷大于0.15的条目Q4-6、Q4-10、Q4-17、Q4-21、Q4-25、Q4-26、Q4-34、Q4-44、Q4-49、Q4-50、Q4-53，共删除15个条目，剩余50个条目。

考虑到删除条目较多会对总分产生影响，对剩余的50个条目重做项目分析和探索性因素分析，删除载荷小于0.4的条目Q4-18、Q4-22、Q4-24，删除跨因子载荷大于0.15的条目Q4-2、Q4-41、Q4-42、Q4-52，共删除7个条目，剩余43个条目。对剩余的43个条目重做项目分析和探索性因素分析，无删除条目。

探索性因素分析结果显示，KMO值为0.903，Bartlett球形检验卡方值为2044.670（$P=0.000$），累计方差贡献率61.151%，所有条目共同度均大于0.2、因子载荷均大于0.4，无跨因子载荷大于0.15的条目。

经项目分析和探索性因素分析，中学生体育竞赛状态愤怒表达分量表初测量表共删除31个条目，保留43个条目。

4.6.1.3 信度和效度检验

采用Cronbach's α内部一致性系数检验中学生体育竞赛状态愤怒表达分量表初测量表的信度，结果显示，因素1的Cronbach's α为0.914，因素2的Cronbach's α为0.842，因素3的Cronbach's α为0.722，因素4的Cronbach's α为0.664，因素5的Cronbach's α为0.606，总量表的Cronbach's α为0.924，表明中学生体育竞赛状态愤怒表达分量表初测量表的信度很好。

通过探索性因素分析检验中学生体育竞赛状态愤怒表达分量表初测量表的结构效度，结果表明，以主成分分析和正交旋转提取的5个因素，特征值均大于1，累计方差贡献率达61.151%，即这5个因素可解释总量表61.151%的信息，表明中学生体育竞赛状态愤怒表达分量表初测量表的结构效度较好。

4.6.2 中学生体育竞赛状态愤怒表达分量表的正式施测

4.6.2.1 项目分析

经项目分析，对中学生体育竞赛状态愤怒反应分量表的43个条目进行删减（表4-10）。其中，辨别力分析删除标准差小于1的条目Q4-1和Q4-38，区分度分析删除条目Q4-21和Q4-35，题总相关分析和题他相关分析删除条目Q4-3、

Q4-6、Q4-8、Q4-10、Q4-14、Q4-17、Q4-20、Q4-27。项目分析共删除12个条目，保留31个条目。

表4-10　中学生体育竞赛状态愤怒表达分量表的项目分析

条目	$M \pm SD$	t	r	条目	$M \pm SD$	t	r
Q4-1	1.63 ± 0.915	—	—	Q4-23	2.85 ± 1.282	-18.180^{**}	0.436^{**}
Q4-2	2.96 ± 1.296	-17.290^{**}	0.049^{**}	Q4-24	1.71 ± 1.090	-26.024^{**}	0.621^{**}
Q4-3	2.66 ± 1.366	-14.255^{**}	0.343^{**}	Q4-25	3.00 ± 1.314	-14.389^{**}	0.449^{**}
Q4-4	2.12 ± 1.143	-18.050^{**}	0.469^{**}	Q4-26	1.81 ± 1.107	-27.863^{**}	0.620^{**}
Q4-5	2.68 ± 1.222	-5.862^{**}	0.498^{**}	Q4-27	3.86 ± 1.203	-11.932^{**}	-0.320^{**}
Q4-6	2.59 ± 1.257	-11.811^{**}	0.299^{**}	Q4-28	1.74 ± 1.080	-25.558^{**}	0.604^{**}
Q4-7	2.27 ± 1.141	-18.287^{**}	0.455^{**}	Q4-29	2.74 ± 1.271	-17.996^{**}	0.417^{**}
Q4-8	2.59 ± 1.156	-9.365^{**}	0.288^{**}	Q4-30	1.99 ± 1.210	-27.892^{**}	0.626^{**}
Q4-9	2.51 ± 1.233	-17.758^{**}	0.407^{**}	Q4-31	2.77 ± 1.277	-18.110^{**}	0.418^{**}
Q4-10	2.42 ± 1.186	13.519^{**}	0.377^{**}	Q4-32	1.76 ± 1.013	-20.417^{**}	0.530^{**}
Q4-11	2.70 ± 1.241	-12.875^{**}	0.439^{**}	Q4-33	2.91 ± 1.234	-17.845^{**}	0.404^{**}
Q4-12	2.55 ± 1.219	-13.988^{**}	0.434^{**}	Q4-34	1.70 ± 1.033	-28.255^{**}	0.659^{**}
Q4-13	2.10 ± 1.167	-25.939^{**}	0.576^{**}	Q4-35	3.30 ± 1.277	-7.18	—
Q4-14	2.51 ± 1.216	-7.709^{**}	0.263^{**}	Q4-36	1.66 ± 1.028	-27.289^{**}	0.662^{**}
Q4-15	2.64 ± 1.260	-17.239^{**}	0.412^{**}	Q4-37	1.71 ± 1.062	-27.857^{**}	0.624^{**}
Q4-16	2.16 ± 1.220	-20.277^{**}	0.509^{**}	Q4-38	1.57 ± 0.976	—	—
Q4-17	3.01 ± 1.252	-3.520^{**}	-0.075^{**}	Q4-39	1.60 ± 1.013	-25.728^{**}	0.660^{**}
Q4-18	2.64 ± 1.320	-13.002^{**}	0.434^{**}	Q4-40	1.74 ± 1.036	-22.976^{**}	0.573^{**}
Q4-19	1.85 ± 1.132	-24.102^{**}	0.569^{**}	Q4-41	1.82 ± 1.086	-24.398^{**}	0.588^{**}
Q4-20	2.94 ± 1.281	-3.421^{**}	$0-.091^{**}$	Q4-42	1.79 ± 1.058	-23.506^{**}	0.582^{**}
Q4-21	3.23 ± 1.333	-7.701	—	Q4-43	1.79 ± 1.084	-23.707^{**}	0.581^{**}
Q4-22	2.11 ± 1.191	-24.102^{**}	0.550^{**}	—	—	—	—

注：**表示$P < 0.01$。

4.6.2.2 探索性因素分析

为初步确定中学生体育竞赛状态愤怒表达分量表的结构，对剩余的31个条目进行探索性因素分析，结果显示，KMO值为0.935，Bartlett球形检验卡方值为19916.027（$P=0.000$），表明适合做因素分析。通过主成分分析和正交旋转，以特征值大于1提取3个因素，累计方差贡献率47.979%。删除共同度小于0.2的条目Q4-4、Q4-13、Q4-16、Q4-19、Q4-22，无载荷小于0.4的条目；删除跨因子载荷大于0.15的条目Q4-7，共删除6个条目，剩余25个条目。对剩余的25个条目重做项目分析和探索性因素分析，无删除条目。

探索性因素分析结果显示，25个条目的中学生体育竞赛状态愤怒表达分量表共提取3个因素，累计方差贡献率52.160%（χ^2=16544.977，df=300，P=0.000，KMO=0.922），每个因素的条目因子载荷均大于0.4，且无跨因子载荷大于0.15的条目（表4–11）。按照各因素条目的共同性，将因素1命名为愤怒外投，因素2命名为愤怒控制，因素3命名为愤怒内投。

表 4-11　中学生体育竞赛状态愤怒表达分量表的因素结构

条目	因素 1	因素 2	因素 3	共同度
Q4–39	0.801	—	—	0.647
Q4–36	0.794	—	—	0.635
Q4–37	0.765	—	—	0.588
Q4–34	0.750	—	—	0.579
Q4–42	0.714	—	—	0.520
Q4–41	0.710	—	—	0.518
Q4–43	0.709	—	—	0.512
Q4–40	0.693	—	—	0.488
Q4–26	0.686	—	—	0.488
Q4–30	0.670	—	—	0.486
Q4–24	0.646	—	—	0.447
Q4–28	0.641	—	—	0.444
Q4–32	0.555	—	—	0.407
Q4–29	—	0.747	—	0.567
Q4–31	—	0.729	—	0.549
Q4–23	—	0.717	—	0.527
Q4–25	—	0.705	—	0.499
Q4–15	—	0.695	—	0.541
Q4–33	—	0.681	—	0.470
Q4–9	—	0.661	—	0.528
Q4–18	—	0.612	—	0.443
Q4–12	—	0.610	—	0.466
Q4–5	—	—	0.748	0.589
Q4–2	—	—	0.725	0.572
Q4–11	—	—	0.716	0.592

4.6.2.3 验证性因素分析

根据探索性因素分析结果，进一步使用软件AMOS 21.0对中学生体育竞赛状态愤怒表达分量表的偶数组数据进行验证性因素分析，并构建中学生体育竞赛状态愤怒表达一阶三因子模型，以验证量表结构的稳定性。

为保证模型具有良好的结构效度，通过因子载荷小于0.45以及修正指数（M.I.）对模型进行修正。经模型修正，中学生体育竞赛状态愤怒表达分量表共删除11个条目（Q4-23、Q4-24、Q4-26、Q4-28、Q4-29、Q4-30、Q4-33、Q4-34、Q4-40、Q4-41、Q4-42）。模型修正后重新验证模型，构建出含有14个条目的中学生体育竞赛状态愤怒表达结构模型（图4-4），模型载荷系数值见表4-12。

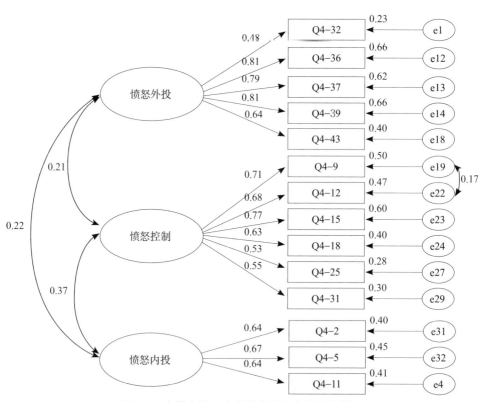

图4-4 中学生体育竞赛状态愤怒表达结构模型

表 4-12　中学生体育竞赛状态愤怒表达分量表结构模型的载荷系数值

维度及题项	非标准估计	标准估计	S.E.	C.R.	P
愤怒控制 <--> 愤怒内投	−0.268	−0.373	0.029	−9.349	***
愤怒外投 <--> 愤怒控制	0.090	0.212	0.014	6.292	***
愤怒外投 <--> 愤怒内投	0.088	0.219	0.015	5.935	***
e19 <--> e22	0.135	0.174	0.029	4.718	***
Q4-32 <--- 愤怒外投	1.000	0.482	—	—	***
Q4-36 <--- 愤怒外投	1.705	0.810	0.095	17.977	***
Q4-37 <--- 愤怒外投	1.714	0.789	0.096	17.811	***
Q4-39 <--- 愤怒外投	1.679	0.810	0.093	17.975	***
Q4-43 <--- 愤怒外投	1.409	0.635	0.087	16.194	***
Q4-9 <--- 愤怒控制	1.000	0.708	—	—	***
Q4-12 <--- 愤怒控制	0.956	0.684	0.038	25.227	***
Q4-15 <--- 愤怒控制	1.117	0.774	0.046	24.043	—
Q4-18 <--- 愤怒控制	0.959	0.634	0.046	20.830	***
Q4-25 <--- 愤怒控制	0.800	0.531	0.045	17.819	***
Q4-31 <--- 愤怒控制	0.802	0.548	0.044	18.325	***
Q4-2 <--- 愤怒内投	1.000	0.635	—	—	***
Q4-55 <--- 愤怒内投	0.997	0.672	0.061	16.269	***
Q4-11 <--- 愤怒内投	0.971	0.644	0.060	16.158	—

注：***表示 $P < 0.001$。

结果显示，χ^2/df=4.748，RMSEA=0.050，GFI=0.967，AGFI=0.953，NFI=0.948，CFI=0.958，IFI=0.959，模型拟合指数均达到推荐标准（χ^2/df<5、RMSEA<0.08、GFI、AGFI、NFI、CFI和IFI均>0.9），各条目在潜变量上的载荷均在0.45以上，且达到非常显著的水平，表明中学生体育竞赛状态愤怒表达结构模型拟合度较为理想。

4.6.2.4 信度和效度检验

采用Cronbach's α内部一致性系数检验中学生体育竞赛状态愤怒表达分量表的信度，结果显示，因素1的Cronbach's α为0.828，因素2的Cronbach's α为0.814，因素3的Cronbach's α为0.686，总量表的Cronbach's α为0.707，表明中学生体育竞赛状态愤怒表达分量表信度较好。

验证性因素分析的结果表明，构建的中学生体育竞赛状态愤怒表达结构模型的拟合指数达到推荐指标，表明中学生体育竞赛状态愤怒表达分量表的具有较好的结构效度。

4.7   中学生体育竞赛状态愤怒完整量表的检验

将4个分量表的各个因素打乱后在中学生体育竞赛状态愤怒概念下进行探索性因素分析和验证性因素分析，以考查完整量表能否较好地反映中学生体育竞赛状态愤怒的4个外延。

4.7.1   探索性因素分析

对整个量表剩余的56个条目进行探索性因素分析，Bartlett's 球形检验（$\chi^2=$25450.635，df=820，$P=0.000$）和KMO检验（KMO=0.940）表明量表数据适合进行因素分析。采用主成分分析和斜交旋转，以共同度小于0.2、因子载荷小于0.4、跨因子载荷大于0.15为取舍标准，在删除15个条目后无可删除条目，保留41个条目。此时，特征值大于1的因子共4个，累计方差贡献率46.811%（表4-13），所提取的4个因素分别与4个分量表一致，即中学生体育竞赛状态愤怒应激源、中学生体育竞赛状态愤怒表达、中学生体育竞赛状态愤怒反应和中学生体育竞赛状态愤怒认知评价。

表 4-13   中学生体育竞赛状态愤怒量表探索性因素分析结果

条目	题项	因素 1	因素 2	因素 3	因素 4	共同度
Q1–25	比赛中对手故意冲撞我	0.860	—	—	—	0.725
Q1–33	比赛中被对手推搡踢打	0.824	—	—	—	0.678
Q1–27	比赛中对手报复我	0.822	—	—	—	0.690
Q1–37	看到队友被对手欺负	0.788	—	—	—	0.614
Q1–22	比赛中对手冲我们说脏话	0.728	—	—	—	0.558
Q1–7	比赛中对手恶意犯规	0.722	—	—	—	0.525
Q1–45	比赛中裁判判罚不公平	0.509	—	—	—	0.388
Q1–26	自己无法摆脱防守	0.434	—	—	—	0.317
Q1–30	比赛中出现失误	0.429	—	—	—	0.280
Q4–12	我会尽量控制我的行为	—	0.769	—	—	0.561
Q4–25	我尽量不去注意使我生气的人和事	—	0.739	—	—	0.514
Q4–15	我会尽量克制自己的怒火	—	0.736	—	—	0.513
Q4–5	我会一个人生闷气	—	0.655	—	—	0.463
Q4–39	我会说脏话	—	0.645	—	—	0.564

条目	题项	因素1	因素2	因素3	因素4	共同度
Q4-36	我会质问对方	—	0.625	—	—	0.515
Q4-37	我会用力扔、砸手里的器械	—	0.598	—	—	0.490
Q4-43	我会不听从老师的安排	—	0.550	—	—	0.434
Q4-11	我会不想理会旁人	—	0.523	—	—	0.382
Q4-32	我会推搡踢打使我生气的人	—	0.472	—	—	0.333
Q3-8	我感到身体发抖	—	—	-0.737	—	0.472
Q3-21	我的脸又红又烫	—	—	-0.718	—	0.464
Q3-10	我感到身体紧绷着	—	—	-0.711	—	0.480
Q3-6	我感到无法忍受	—	—	-0.703	—	0.554
Q3-23	我感到不冷静了	—	—	-0.697	—	0.505
Q3-5	我的心跳加速	—	—	-0.680	—	0.404
Q3-28	我会攥紧拳头	—	—	-0.618	—	0.398
Q3-4	我想打人	—	—	-0.582	—	0.448
Q3-11	我想要报复对方	—	—	-0.571	—	0.497
Q3-25	我不想再继续比赛了	—	—	-0.568	—	0.392
Q3-15	我瞪大眼睛怒视着对方	—	—	-0.559	—	0.435
Q2-11	比赛输了，我认为是队友没有认真比赛	—	—	—	-0.739	0.537
Q2-7	比赛中出现失误，我觉得是因为对手干扰	—	—	—	-0.680	0.519
Q2-5	我（我们）没有犯规，裁判却判犯规了	—	—	—	-0.602	0.451
Q2-3	比赛输了，我认为是场地、器械影响了我（我们）的发挥	—	—	—	-0.564	0.452
Q2-9	当对手对我做一些小动作时，我觉得他是在挑衅我	—	—	—	-0.541	0.461
Q2-8	我（我们）的后台比较硬，比赛中对手竟然敢侵犯我（我们）	—	—	—	-0.516	0.387
Q2-6	当对手说脏话时，我觉得他是在骂我	—	—	—	-0.507	0.396
Q2-4	当对手冲撞我时，我觉得对手是故意的	—	—	—	-0.464	0.389
Q2-12	我（我们）是训练过的，怎么能输给从未训练过的对手	—	—	—	-0.453	0.273
Q2-16	当对方说话语气重时，我觉得他不尊重我	—	—	—	-0.419	0.389
Q2-1	当对手对我说报复性的话时，我觉得他是在威胁我	—	—	—	-0.401	0.345
	特征值	10.475	4.570	2.428	1.719	—
	解释变异量	25.550	11.147	5.922	4.191	—
	累计解释变异量	25.550	36.697	42.620	46.811	—

4.7.2 验证性因素分析

使用软件AMOS 21.0对中学生体育竞赛状态愤怒完整量表的偶数组数据做一阶四因子测量模型（图4-5），以检验完整量表的整体结构效度。结果显示，$\chi^2/df=3.241$，GFI=0.923，AGFI=0.912，NFI=0.906，IFI=0.933，CFI=0.933，RMSEA=0.039，表明41个条目的中学生体育竞赛状态愤怒量表结构效度较好。

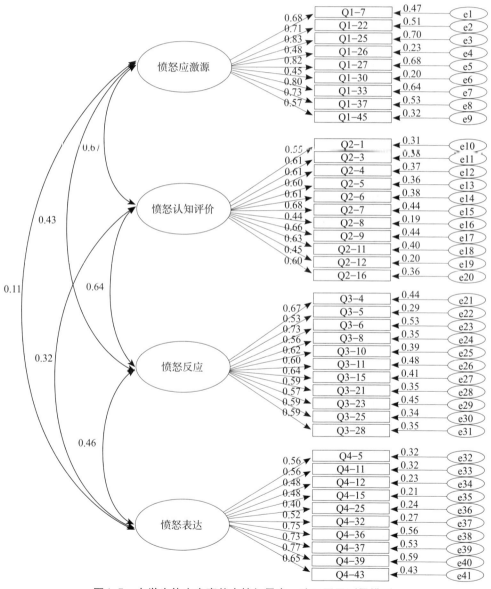

图4-5 中学生体育竞赛状态愤怒量表一阶四因子测量模型

4.7.3 信度分析

采用Cronbach's α内部一致性系数检验中学生体育竞赛状态愤怒量表的信度。结果显示，中学生体育竞赛状态愤怒总量表的Cronbach's α为0.922，中学生体育竞赛状态愤怒应激源分量表、中学生体育竞赛状态愤怒认知评价分量表、中学生体育竞赛状态愤怒反应分量表和中学生体育竞赛状态愤怒表达分量表的Cronbach's α分别为0.909、0.861、0.897和0.707，均符合信度要求，表明41个条目的中学生体育竞赛状态愤怒总量表及其分量表的信度较好。

4.8 小结

本研究采用先定性后定量的混合研究设计，通过个案研究归纳出中学生体育竞赛状态愤怒的4个维度（愤怒应激源、愤怒认知评价、愤怒反应和愤怒表达），为量表维度的确定提供了理论支撑，同时，质性访谈和分析的过程为量表条目库的建立提供了可靠的条目来源。该量表的编制经过先预测后实测、先探索后验证的过程，其间依次采用项目分析、探索性因素分析和验证性因素分析对量表的条目进行了删减，最后通过Cronbach'α检验量表的信度，通过验证性因素分析检验量表的结构效度，最终形成中学生体育竞赛状态愤怒量表。该量表由中学生体育竞赛状态愤怒应激源分量表、中学生体育竞赛状态愤怒认知评价分量表、中学生体育竞赛状态愤怒反应分量表和中学生体育竞赛状态愤怒表达分量表4个分量表组成。经检验，中学生体育竞赛状态愤怒各分量表的Cronbach's α在0.707～0.909的范围内，总量表的Cronbach's α为0.922，符合心理测量学要求，证明量表具有较好的信度。通过验证性因素分析分别对4个分量表及完整量表的模型拟合度进行检验，各项拟合结果均达到了拟合标准，证明量表的结构效度较好。定性研究与定量研究结果的前后验证，证实了中学生体育竞赛状态愤怒量表可作为测量中学生体育竞赛状态愤怒的有效工具，并可通过愤怒应激源、愤怒认知评价、愤怒反应和愤怒表达4个方面对中学生体育竞赛状态愤怒进行测评，量表的有效性得到了实证的支持。中学生体育竞赛状态愤怒量表与以往的愤怒量表的不同在于，条目设置更强调体育竞赛情境，源于中学生的真实感受，测量内容除愤怒体验和愤怒表达外，还增加了愤怒应激源和愤怒认知评价。

5　中学生体育竞赛状态愤怒的
实证研究

5.1　引言

为进一步了解我国中学生体育竞赛状态愤怒的现状，本研究从中学生体育竞赛状态愤怒的人口统计学差异和影响因素两方面进行探讨，分析了我国中学生体育竞赛状态愤怒在性别、年龄、参与竞赛级别和项目上的差异以及影响中学生体育竞赛状态愤怒的主、次要因素，为后续研究中学生体育竞赛状态愤怒问题以及愤怒管理提供数据支持和依据。

5.2　方法

5.2.1　心理测量法

5.2.1.1　被试

中学生体育竞赛状态愤怒的现状分析所用被试与中学生体育竞赛状态愤怒量表正式施测被试相同，即采用分层抽样法和方便抽样法从山西省11个市、县的19所中学选取中学生4110名，最终选取3044名符合条件的中学生作为被试，其中初中生1313名（初一487名，初二430名，初三396名），高中生1731名（高一601名，高二679名，高三451名），男生1519名，女生1525名，平均年龄15.56±1.805岁。

5.2.1.2　测量工具

用于分析中学生体育竞赛状态愤怒现状的测量工具，即之前所编制的中学生体育竞赛状态愤怒量表最终量表，包括中学生体育竞赛状态愤怒应激源分量表、中学生体育竞赛状态愤怒认知评价分量表、中学生体育竞赛状态愤怒反应分量表和中学生体育竞赛状态愤怒表达分量表4个分量表。量表采用李克特（Likert）5级评分法，中学生体育竞赛状态愤怒应激源分量表计分范围从"没有"计1分至"极重"计5分，中学生体育竞赛状态愤怒认知评价分量表和中学生体育竞赛状态愤怒表达分量表计分范围从"完全不符合"计1分至"完全符合"计5分，中学生体育竞赛状态愤怒反应分量表计分范围从"根本不"计1分至"非常强烈"计5分。总量表的Cronbach's α为0.922，各分量表的Cronbach's α分别为0.909、0.861、0.897和0.707；验证性因素分析拟合指标：$\chi^2/df=3.241$，GFI=0.923，AGFI=0.912，NFI=0.906，IFI=0.933，CFI=0.933，RMSEA=0.039，表明量表具有较好的信度和效度。

5.2.1.3　量表施测

组织学生集体施测，使用统一指导语指导学生作答。共计发放量表4110份，回收有效量表3044份，有效回收率为74.1%。

5.2.2　访谈法

围绕中学生体育竞赛状态愤怒的原因或影响因素对质性研究中初步选定的19名中学生进行访谈（表2-1），其中男性14名，女性5名，年龄范围为13~18岁。

5.2.3　问卷调查法

编制《中学生体育竞赛状态愤怒开放式问卷》（学生问卷、教师问卷），对110名在校中学生和76名一线体育教师进行问卷调查，以了解影响中学生在体育竞赛中产生愤怒情绪的因素。中学生在愤怒时常常怒而不自知，而体育教师则能够从旁观者的角度并根据自己对中学生个体的了解更清楚地知晓中学生在体育竞赛中愤怒的原因，因此，对体育教师进行调查能够作为对中学生调查的补充，使得研究资料和结果更为全面。

5.2.4 数理统计法

（1）运用Excel 2016对获得的数据进行录入和整理，采用帕累托分析法分析影响中学生体育竞赛状态愤怒的主、次要因素。

（2）运用统计软件SPSS 21.0对获得的数据进行人口统计学分析，包括描述性统计、t检验、方差分析等。

5.3 中学生体育竞赛状态愤怒的现状

5.3.1 中学生体育竞赛状态愤怒的总体状况

对中学生体育竞赛状态愤怒各因素进行描述性统计分析（表5-1），结果表明，愤怒应激源得分偏高（$M=2.98$），愤怒反应得分相对较低（$M=2.29$）。

表 5-1 中学生体育竞赛状态愤怒各因素描述性统计（$N=3044$）

因素	均值	标准差
愤怒应激源	2.98	0.825
愤怒认知评价	2.49	0.721
愤怒反应	2.29	0.824
愤怒表达	2.38	0.561

5.3.2 中学生体育竞赛状态愤怒的性别差异

对不同性别中学生体育竞赛状态愤怒在各因素的得分进行独立样本t检验（表5-2）。由表5-2可知，在整体上，中学生体育竞赛状态愤怒的程度无显著性别差异（$P=0.069$），而从总量表得分的均值来看，男生的愤怒程度略高于女生。在愤怒应激源、愤怒认知评价和愤怒反应3个方面性别差异显著（$P=0.000$），而在愤怒表达方面性别差异不显著（$P=0.059$）。从男、女生各因素得分的均值来看，在愤怒认知评价、愤怒反应和愤怒表达3个因素上，男生的程度均高于女生，而在愤怒应激源因素上，女生的愤怒程度则高于男生。

表 5-2　中学生体育竞赛状态愤怒的性别差异分析（N=3044）

因素	性别	N	均值	标准差	标准误	t	P
愤怒应激源	男	1519	2.92	0.779	0.020	−4.065	0.000
	女	1525	3.04	0.865	0.022		
愤怒认知评价	男	1519	2.55	0.718	0.018	4.509	0.000
	女	1525	2.43	0.719	0.018		
愤怒反应	男	1519	2.35	0.838	0.022	3.798	0.000
	女	1525	2.24	0.807	0.021		
愤怒表达	男	1519	2.40	0.578	0.015	1.887	0.059
	女	1525	2.36	0.543	0.014		
总量表	男	1519	2.55	0.563	0.014	1.818	0.069
	女	1525	2.52	0.558	0.014		

通常，人们对男、女性愤怒的刻板印象认为，男性比女性更容易愤怒，但诸多研究并不支持这一观点[1]。结果表明，中学生体育竞赛状态愤怒在总体上不存在显著的性别差异，但在愤怒应激源、愤怒认知评价和愤怒反应3个方面性别差异显著，而在愤怒表达方面性别差异不显著。在愤怒应激源上，女生较男生具有较强的洞察力和敏感性，易于因受到阻碍而产生愤怒；在愤怒认知评价上，男生更具有敌意性；在愤怒反应上，男生在生理和心理上的愤怒体验更为强烈；在愤怒表达上，虽总体不存在性别差异，与多数研究结果不一致，但通过进一步比较男、女生在愤怒内投、愤怒外投和愤怒控制3个维度上的差异发现，男生更多地通过外投的方式表达愤怒，带有较大的攻击倾向，而女生则更多的是向内表达愤怒。李江雪的研究表明，社会规范在阻碍女性表现她们愤怒的同时也阻止了愤怒情绪的调节发展，因此，女性压抑愤怒的可能性较大[2]。

5.3.3　中学生体育竞赛状态愤怒的年级差异

对不同年级中学生体育竞赛状态愤怒各因素的得分进行方差分析（表5-3），结果显示，中学生体育竞赛状态愤怒存在年级差异（P=0.000），并在整体上呈现出愤怒程度随年级增长而升高的趋势，即高三学生的愤怒程度最高（M=2.66），其次依次为高二（M=2.64）、高一（M=2.56）、初三（M=2.54）、初二（M=2.49），初一学生的愤怒程度最低（M=2.28）。

---

[1]　施塔，卡拉特 . 情绪心理学：第 2 版 [M]. 周仁来，等译 . 北京：中国轻工业出版社，2015.
[2]　李江雪 . 大学生情绪管理与辅导 [M]. 北京：北京师范大学出版社，2010.

表 5-3 中学生体育竞赛状态愤怒的年级差异分析（N=3044）

因素	年级	N	均值	标准差	标准误	F	P
愤怒应激源	初一	487	2.61	0.896	0.041	29.527	0.000
	初二	430	2.88	0.857	0.041		
	初三	396	3.00	0.831	0.042		
	高一	601	3.07	0.765	0.031		
	高二	679	3.10	0.757	0.029		
	高三	451	3.14	0.757	0.036		
愤怒认知评价	初一	487	2.26	0.822	0.037	15.890	0.000
	初二	430	2.47	0.780	0.038		
	初三	396	2.47	0.691	0.035		
	高一	601	2.49	0.629	0.026		
	高二	679	2.58	0.676	0.026		
	高三	451	2.63	0.691	0.033		
愤怒反应	初一	487	2.01	0.806	0.037	16.193	0.000
	初二	430	2.30	0.906	0.044		
	初三	396	2.29	0.827	0.042		
	高一	601	2.30	0.774	0.032		
	高二	679	2.41	0.793	0.030		
	高三	451	2.41	0.804	0.038		
愤怒表达	初一	487	2.23	0.591	0.027	11.589	0.000
	初二	430	2.32	0.597	0.029		
	初三	396	2.39	0.550	0.028		
	高一	601	2.38	0.521	0.021		
	高二	679	2.46	0.547	0.021		
	高三	451	2.44	0.538	0.025		
总量表	初一	487	2.28	0.620	0.028	30.921	0.000
	初二	430	2.49	0.605	0.029		
	初三	396	2.54	0.546	0.027		
	高一	601	2.56	0.492	0.020		
	高二	679	2.64	0.518	0.020		
	高三	451	2.66	0.520	0.025		

在愤怒应激源和愤怒认知评价两个因素上，中学生体育竞赛状态愤怒程度同样呈现出随年级增长而升高的趋势。6个年级中学生体育竞赛状态愤怒应激源程度从高到低依次为高三（$M=3.14$）、高二（$M=3.10$）、高一（$M=3.07$）、初三（$M=3.00$）、初二（$M=2.88$）、初一（$M=2.61$），愤怒认知评价程度从高到低依

次为高三（*M*=2.63）、高二（*M*=2.58）、高一（*M*=2.49）、初三（*M*=2.47）、初二（*M*=2.47）、初一（*M*=2.26）。在愤怒反应和愤怒表达方面，高中生的愤怒程度略高于初中生，但并未表现出明显随年级增长而升高的趋势。6个年级中学生体育竞赛状态愤怒反应程度从高到低依次为高二与高三（得分相同，*M*=2.41）、初二与高一（得分相同，*M*=2.30）、初三（*M*=2.29）、初一（*M*=2.01），愤怒表达程度从高到低依次为高二（*M*=2.46）、高三（*M*=2.44）、初三（*M*=2.39）、高一（*M*=2.38）、初二（*M*=2.32）、初一（*M*=2.23）。

结果表明，随着年龄的增长和年级的升高，一方面，中学生认知能力增强，自我意识和自尊感提升，独立意识、规则意识、公平意识和责任感也逐渐增强，更加要求被平等对待和维护自己的权益，因此对体育竞赛中违反规则和公平原则、侵犯其权益的人或事更容易产生愤怒。另一方面，中学生的身体随年龄增长而不断发生变化，身体机能也逐渐提高，动作幅度增大、力量增强，因此在体育竞赛中发生冲撞的可能性及严重性也随之提高，尤其是他们将对方的动机或行为意图解释为带有敌意时，认为自我价值受到威胁，则更容易产生愤怒。

5.3.4   中学生体育竞赛状态愤怒的体育竞赛级别差异

本研究按照体育赛事的级别将中学生体育竞赛分为全国、省级、市级、县区级、校级、班级和自发组织等级别，对不同级别体育竞赛中的中学生体育竞赛状态愤怒各因素的得分进行方差分析（表5-4）。

表5-4   中学生体育竞赛状态愤怒的体育竞赛级别差异分析（*N*=3044）

因素	竞赛级别	*N*	均值	标准差	标准误	*F*	*P*
愤怒应激源	全国	85	2.76	0.881	0.096	3.437	0.002
	省级	117	2.71	0.888	0.082		
	市级	124	2.98	0.766	0.069		
	县区级	95	2.99	0.927	0.095		
	校级	1427	3.00	0.829	0.022		
	班级	561	3.02	0.825	0.035		
	自发组织	635	2.97	0.781	0.031		
愤怒认知评价	全国	85	2.21	0.646	0.070	3.848	0.001
	省级	117	2.37	0.714	0.066		
	市级	124	2.49	0.747	0.067		
	县区级	95	2.63	0.930	0.095		
	校级	1427	2.49	0.713	0.019		
	班级	561	2.47	0.707	0.030		
	自发组织	635	2.53	0.710	0.028		

续表

因素	竞赛级别	N	均值	标准差	标准误	F	P
愤怒反应	全国	85	2.14	0.608	0.066	3.101	0.005
	省级	117	2.12	0.777	0.072		
	市级	124	2.16	0.769	0.069		
	县区级	95	2.51	0.923	0.095		
	校级	1427	2.30	0.858	0.023		
	班级	561	2.33	0.808	0.034		
	自发组织	635	2.30	0.781	0.031		
愤怒表达	全国	85	2.36	0.504	0.055	3.012	0.006
	省级	117	2.37	0.539	0.050		
	市级	124	2.31	0.564	0.051		
	县区级	95	2.56	0.651	0.067		
	校级	1427	2.35	0.563	0.015		
	班级	561	2.40	0.563	0.024		
	自发组织	635	2.41	0.543	0.022		
总量表	全国	85	2.37	0.487	0.053	3.890	0.001
	省级	117	2.39	0.527	0.049		
	市级	124	2.49	0.518	0.047		
	县区级	95	2.67	0.754	0.077		
	校级	1427	2.53	0.566	0.015		
	班级	561	2.56	0.557	0.024		
	自发组织	635	2.55	0.534	0.021		

结果表明，在不同级别的体育竞赛中，在愤怒应激源、愤怒认知评价、愤怒反应、愤怒表达4个因素及整体上，中学生体育竞赛状态愤怒的程度均具有显著性差异（$P<0.05$）。总体而言，在县区级体育竞赛中，中学生体育竞赛状态愤怒的程度最高（$M=2.67$），其次依次为班级体育竞赛（$M=2.56$）、自发组织的体育竞赛（$M=2.55$）、校级体育竞赛（$M=2.53$）、市级体育竞赛（$M=2.49$）、省级体育竞赛（$M=2.39$），在全国体育竞赛中，中学生体育竞赛状态愤怒的程度最低（$M=2.37$）。

进一步分析在不同级别的体育竞赛中，中学生体育竞赛状态愤怒在愤怒应激源、愤怒认知评价、愤怒反应和愤怒表达4个因素上的差异。从得分均值来看，中学生在班级体育竞赛中的状态愤怒应激源程度最高（$M=3.02$），在县区级体育竞赛中的状态愤怒认知评价程度（$M=2.63$）、愤怒反应程度（$M=2.51$）和愤怒表达程度（$M=2.56$）最高。该结果可能与中学生参与体育竞赛的经历和经验、动机、对体育竞赛的重视程度、对规则的认识、赛事的管理和教师对中学生的监管有关。

5.3.5 中学生体育竞赛状态愤怒的项目差异

调查中，中学生所参与的体育竞赛项目包括田赛、径赛、篮球、足球、乒乓球、排球、羽毛球、网球、游泳、武术（套路）、跆拳道、健美操、射击、摔跤、散打和柔道等。对中学生在不同体育竞赛项目中的状态愤怒得分进行方差分析（表5-5），结果表明，中学生在不同项目的体育竞赛中，总体状态愤怒程度以及愤怒应激源、愤怒认知评价、愤怒反应、愤怒表达4个因素的程度均具有显著性差异（$P < 0.05$）。从总量表得分的均值来看，在排球项目中，中学生体育竞赛状态愤怒的程度最高（$M=2.96$），其次依次为田赛（$M=2.58$）、羽毛球（$M=2.55$）、柔道（$M=2.55$）、径赛（$M=2.54$）、篮球（$M=2.52$）、足球（$M=2.49$）、乒乓球（$M=2.47$）、摔跤（$M=2.46$）、跆拳道（$M=2.45$）、散打（$M=2.44$）、网球（$M=2.28$）、游泳（$M=2.20$）、武术（套路）（$M=2.20$）、健美操（$M=2.13$）、射击（$M=1.57$）。

表 5-5　中学生体育竞赛状态愤怒的项目差异分析（$N=3044$）

因素	项目	N	均值	标准差	标准误	F	P
愤怒应激源	田赛	279	2.90	0.894	0.071	4.861	0.000
	径赛	1858	3.03	0.838	0.025		
	篮球	401	3.00	0.687	0.045		
	足球	128	3.07	0.686	0.079		
	乒乓球	91	2.66	0.900	0.124		
	排球	14	2.94	0.897	0.518		
	羽毛球	53	2.94	0.857	0.154		
	网球	25	2.60	0.848	0.346		
	游泳	22	2.29	0.663	0.184		
	武术（套路）	36	2.22	0.912	0.199		
	跆拳道	62	2.88	0.659	0.110		
	健美操	26	2.22	1.062	0.274		
	射击	4	1.50	0.000	0.000		
	摔跤	32	2.96	0.747	0.132		
	散打	2	2.32	0.000	0.000		
	柔道	11	3.12	0.776	0.234		

续表

因素	项目	N	均值	标准差	标准误	F	P
愤怒认知评价	田赛	279	2.52	0.774	0.062	2.024	0.011
	径赛	1858	2.47	0.711	0.022		
	篮球	401	2.53	0.672	0.044		
	足球	128	2.46	0.695	0.080		
	乒乓球	91	2.49	0.753	0.103		
	排球	14	2.82	0.837	0.483		
	羽毛球	53	2.55	0.659	0.118		
	网球	25	2.43	1.081	0.441		
	游泳	22	2.16	0.949	0.263		
	武术	36	2.06	0.548	0.120		
	跆拳道	62	2.34	0.705	0.117		
	健美操	26	2.19	1.090	0.281		
	射击	4	1.47	0.077	0.038		
	摔跤	32	2.43	0.675	0.119		
	散打	2	1.65	0.000	0.000		
	柔道	11	2.08	0.503	0.152		
愤怒反应	田赛	279	2.45	0.867	0.069	1.715	0.042
	径赛	1858	2.27	0.837	0.025		
	篮球	401	2.25	0.810	0.053		
	足球	128	2.11	0.680	0.079		
	乒乓球	91	2.29	0.798	0.110		
	排球	14	2.89	0.472	0.272		
	羽毛球	53	2.29	0.574	0.103		
	网球	25	1.93	0.658	0.268		
	游泳	22	2.02	0.947	0.263		
	武术	36	2.04	0.564	0.123		
	跆拳道	62	2.25	0.726	0.121		
	健美操	26	1.89	0.473	0.122		
	射击	4	1.53	0.029	0.014		
	摔跤	32	2.19	0.810	0.143		
	散打	2	3.10	0.000	0.000		
	柔道	11	2.45	0.787	0.237		

因素	项目	N	均值	标准差	标准误	F	P
愤怒表达	田赛	279	2.45	0.600	0.048	1.805	0.029
	径赛	1858	2.39	0.560	0.017		
	篮球	401	2.29	0.572	0.037		
	足球	128	2.32	0.601	0.069		
	乒乓球	91	2.45	0.573	0.079		
	排球	14	3.16	0.421	0.243		
	羽毛球	53	2.42	0.278	0.050		
	网球	25	2.14	0.474	0.194		
	游泳	22	2.35	0.477	0.132		
	武术	36	2.48	0.788	0.172		
	跆拳道	62	2.33	0.656	0.109		
	健美操	26	2.22	0.277	0.071		
	射击	4	1.78	0.385	0.192		
	摔跤	32	2.27	0.426	0.075		
	散打	2	2.68	0.000	0.000		
	柔道	11	2.56	0.819	0.247		
总量表	田赛	279	2.58	0.611	0.049	2.517	0.001
	径赛	1858	2.54	0.569	0.017		
	篮球	401	2.52	0.529	0.035		
	足球	128	2.49	0.504	0.058		
	乒乓球	91	2.47	0.586	0.081		
	排球	14	2.96	0.437	0.253		
	羽毛球	53	2.55	0.443	0.079		
	网球	25	2.28	0.623	0.254		
	游泳	22	2.20	0.529	0.147		
	武术	36	2.20	0.473	0.103		
	跆拳道	62	2.45	0.517	0.086		
	健美操	26	2.13	0.540	0.139		
	射击	4	1.57	0.108	0.054		
	摔跤	32	2.46	0.514	0.091		
	散打	2	2.44	0.000	0.000		
	柔道	11	2.55	0.546	0.165		

　　进一步分析不同项目的体育竞赛中中学生体育竞赛状态愤怒在愤怒应激源、愤怒认知评价、愤怒反应和愤怒表达4个因素上的差异。从得分均值来看，在愤怒应激源因素上，中学生在柔道、足球、径赛和篮球项目中的状态愤怒应激源程度相对较高（M=3.12，3.07，3.03，3.00），而在游泳、武术（套路）、健美操和射击项目中的状态愤怒激源程度相对较低（M=2.29，2.22，2.22，1.50）。在

愤怒认知评价因素上，中学生在排球、羽毛球、篮球和田赛项目中的状态愤怒认知评价程度相对较高（M=2.82，2.55，2.53，2.52），而在柔道、武术（套路）、散打和射击项目中的状态愤怒认知评价程度相对较低（M=2.08，2.06，1.65，1.47）。在愤怒反应因素上，中学生在散打、排球、田赛和柔道项目中的状态愤怒反应程度相对较高（M=3.10，2.89，2.45，2.45），而在游泳、网球、健美操和射击项目中的状态愤怒反应程度相对较低（M=2.02，1.93，1.89，1.53）。在愤怒表达因素上，中学生在排球、散打、柔道和武术（套路）项目中的状态愤怒表达程度相对较高（M=3.16，2.68，2.56，2.48），而在摔跤、健美操、网球和射击项目中的状态愤怒表达程度相对较低（M=2.27，2.22，2.14，1.78）。

通过比较发现，中学生在开放式运动技能项目的体育竞赛中的状态愤怒程度高于封闭式运动技能项目。这与各类运动项目的特点、训练要求、竞技性质、技战术形式和比赛规则等有关。Poulton提出开放式运动技能和封闭式运动技能分类法。开放式运动技能的特征可表述为，运动员在做动作之前，不能事先决定下一个动作要怎么做，必须根据当时突如其来的外在刺激来决定下一个动作要怎样做，而竞赛中外来刺激多变、不可预测，突如其来的刺激往往更容易引发运动员的情绪。开放式运动技能项目包括篮球、排球、足球、手球、冰球、水球、橄榄球、曲棍球、网球、乒乓球、羽毛球、垒球、棒球、击剑、摔跤、柔道、拳击、跆拳道、散打和赛车等。封闭式运动技能则是运动员在做动作之前，能事先决定下一个动作要怎样做，所有外界刺激是相对静止和封闭的。封闭式运动技能项目包括体操、跳水、射击、射箭、游泳、举重、武术（套路）、田径（短跑、跳高、撑竿跳高、跳远、立定三级跳远、标枪、铁饼、铅球、链球等）和花样滑冰等。

5.4 中学生体育竞赛状态愤怒的影响因素

帕累托分析法又称ABC分类法、主次因素分析法，其核心思想是在决定一事物的众多因素中分清主次，识别出少数但对事物起决定作用的主要因素和多数但对事物影响较小的次要因素，通常分为3类因素：A类因素，发生累计频率为0～80%，是主要因素；B类因素，发生累计频率为80%～90%，是次要因素；C类因素，发生累计频率为90%～100%，是一般因素。

　　本研究采用帕累托分析法对中学生体育竞赛状态愤怒的影响因素进行分析。首先，对访谈内容和开放式问卷填答内容进行数据收集；其次，对收集的数据资料进行整理，提取影响因素，并计算和汇总各影响因素出现的频率及其累计百分比；再次，编制ABC分析表，绘制中学生体育竞赛状态愤怒影响因素帕累托分析图（图5-1）；最后，确定影响中学生体育竞赛状态愤怒的主、次要因素。

　　从图5-1可以看出，中学生体育竞赛状态愤怒的影响因素中，被侵犯、比赛情境、受到阻碍3个因素累计百分比在0～80%的范围内，为A类因素，即影响中学生体育竞赛状态愤怒的主要因素；运动表现不佳、赛前情绪不佳和人格3个因素累计百分比在80%～90%的范围内，为B类因素，即影响中学生体育竞赛状态愤怒的次要因素；比赛环境不利、比赛状态不佳、能力不足、情绪调控能力弱、低挫折忍耐力、想赢怕输、敌意归因、家庭环境、比赛器械器材不到位、社会环境10个因素累计百分比在90%～100%的范围内，为C类因素，即影响中学生体育竞赛状态愤怒的一般因素。

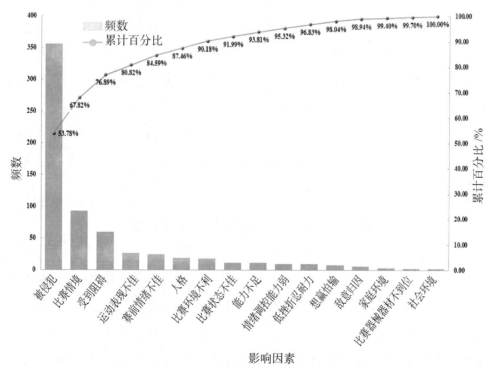

图5-1　中学生体育竞赛状态愤怒影响因素帕累托分析图

5.4.1 影响中学生体育竞赛状态愤怒的主要因素

帕累托分析结果表明，被侵犯、比赛情境、受到阻碍是影响中学生体育竞赛状态愤怒的主要因素，其中，被侵犯和受到阻碍在个案研究中是中学生体育竞赛状态愤怒应激源的两个方面。之后，在中学生体育竞赛状态愤怒结构模型检验中通过数据证明，被侵犯和受到阻碍是中学生在体育竞赛中产生愤怒的两个典型应激源，是中学生体育竞赛状态愤怒产生的主要原因。被侵犯主要表现为中学生在体育竞赛中感到受到不公平对待（如裁判判罚不公正、错判漏判，教师偏心，比赛有内幕等）、自己或队友被侮辱和欺负、被挑衅、被威胁、被报复、被言语攻击、被肢体攻击、被误会或冤枉、不被尊重、自尊心受挫、对方恶意犯规、对方动作粗野、自我价值受到威胁、权益受损等。受到阻碍主要表现为愿望受阻和行动受阻，如被干扰或打扰、队友不积极或不配合、配合不默契、意见不合、沟通不畅、教师安排不合理等。有关被侵犯和受到阻碍为何和如何影响中学生体育竞赛状态愤怒在个案研究与结构模型检验中有详细解释，在此不再赘述。

除被侵犯和受到阻碍外，比赛情境也是影响中学生体育竞赛状态愤怒的主要因素之一。情境观强调情境和外部刺激对情绪的诱发作用，不同情境中的情绪体验形式、内容和强度是不同并不断变化着的[1]。在对部分中学生、体育教师的访谈和问卷调查中发现，在体育竞赛中，中学生当处于发挥失常、出现失误、犯规、比分落后、比赛失利、比赛分差大、对抗激烈、与对手实力悬殊或相近、比赛过程不顺利、比赛成绩或结果不理想等与比赛有关的情境中时，容易产生状态性愤怒，这种愤怒通常可随情境的变化而弱化，甚至消失。

5.4.2 影响中学生体育竞赛状态愤怒的次要因素

帕累托分析结果表明，运动表现不佳、赛前情绪不佳和人格为影响中学生体育竞赛状态愤怒的次要因素。运动表现不佳表现为中学生在体育比赛的过程中表现得不好、达不到自己或教师的要求、犯规、做不出动作、完成动作不流畅，这与运动员的运动唤醒水平和身体机能水平等有关；赛前情绪不佳表现为中学生在赛前出现紧张、焦虑和急躁等情绪，以及因家庭、社会关系、与对手的积怨等矛

[1] 蒋长好.运动情绪及其调节[M].北京：教育科学出版社，2012.

盾产生负性情绪积累或转移，造成赛前情绪消极或不稳定；人格对中学生体育竞赛状态愤怒的影响表现为外向的中学生易冲动、情绪不稳定、易表现出不理智行为等。

5.4.3　影响中学生体育竞赛状态愤怒的一般因素

帕累托分析结果表明，比赛环境不利、比赛状态不佳、能力不足、情绪调控能力弱、低挫折忍耐力、想赢怕输、敌意归因、家庭环境、比赛器械器材不到位、社会环境为影响中学生体育竞赛状态愤怒的一般因素。虽然这10个因素对中学生体育竞赛状态愤怒的影响仅占总频数的10%，但被提及的频数低并不能代表其影响力低。以比赛器械器材不到位（如遗失、损坏或缺失）为例，某中学生作为访谈对象谈道：在一场特别重要的比赛前，其球拍交由同学暂时保管却意外丢失，虽然借队友的球拍完成了比赛，但整个比赛过程始终带着对同学看管不当、自己未准备备用球拍、队友球拍使用不顺、自己发挥失常的愤怒，从而影响了比赛。就此个案而言，比赛器械遗失是影响中学生体育竞赛状态愤怒的主要原因。当运动员想到自己要输时，他们体能上的一些负面反应就会出现，如肌肉变得僵硬、血流加快、血压升高，甚至有些运动员还会发抖、注意力不集中等。体育运动的实质是大脑将正确的指令发送给肌肉，肌肉来完成指定的动作，大脑紧张时，输送到肌肉的指令便容易出现错误。

在其他影响中学生体育竞赛状态愤怒的一般因素中，比赛环境不利表现为场地或设施条件差或不适应、气候不适、天气炎热或潮湿等；比赛状态不佳表现为身体不适、疼痛感、疲劳等；能力不足表现为运动能力不足、身体素质不好、技术水平不高等；情绪调控能力弱表现为冲动、易怒、情绪易波动、不能冷静判断、难以控制负面情绪和行为等；低挫折忍耐力被认为是许多人愤怒的根源，即个体难以忍受挫折情境，受挫后挫折感增加而引发或加重愤怒[1]；想赢怕输表现为争强好胜、求胜心切、害怕面对失败等；敌意归因是一种愤怒认知评价方式，即将对方的动机或意图视为带有敌意的[2]，往往与受到侵犯和危险感知有关；家

[1] 克拉克.SOS！救助情绪：处理常见情绪问题实用指南[M].姚梅林，庞晖，姚枫林，译.北京：北京师范大学出版社，2002.
[2] MILICH R，DODGE K A. Social information processing in child psychiatric populations[J]. Journal of abnormal child psychology，1984，12（3）：471-489.

庭环境表现为中学生的成长环境、家庭成员关系、家庭教育方式等对其思维和行为习惯、情绪表达方式的影响；社会环境表现为中学生所处的经济环境、文化环境和科技环境对其心理活动、生活方式及行为方式的影响。

影响中学生体育竞赛状态愤怒的一般因素虽提及量较少，但仍不可忽视，在管理中学生体育竞赛状态愤怒时应予以考虑，防微杜渐，降低诱发愤怒的风险。

5.5　小结

（1）中学生体育竞赛状态愤怒在总体上不存在显著的性别差异，但在愤怒认知评价、愤怒反应和愤怒表达3个因素上，男生的愤怒程度高于女生，而在愤怒应激源因素上，女生的愤怒程度则高于男生；中学生体育竞赛状态愤怒存在年级差异，并在整体上呈现出愤怒程度随年级增长而升高的趋势；中学生体育竞赛状态愤怒在体育竞赛级别上存在显著性差异，总体上中学生在县区级体育竞赛中的愤怒程度较高；中学生体育竞赛状态愤怒存在项目差异，中学生在开放式运动技能项目中体育竞赛状态愤怒程度高于封闭式运动技能项目。

（2）在影响中学生体育竞赛状态愤怒的因素中，被侵犯、比赛情境、受到阻碍为主要因素，运动表现不佳、赛前情绪不佳和人格为次要因素，比赛环境不利、比赛状态不佳、能力不足、情绪调控能力弱、低挫折忍耐力、想赢怕输、敌意归因、家庭环境、比赛器械器材不到位、社会环境为一般因素。

6　中学生体育竞赛状态愤怒结构模型检验及理论构建

6.1　引言

通过梳理国内外与体育竞赛愤怒有关的研究发现，在为数不多的研究中，运动员愤怒与攻击行为等其他变量间的因果关系、体育竞赛愤怒的功能、运动员愤怒的调节和控制以及愤怒的个体差异等研究主题多被关注，可谓体育竞赛愤怒研究的热点，然而却少有研究探讨体育竞赛愤怒的内部结构，从愤怒的结构关系中解释体育竞赛情境中愤怒的内部发生机制，但这是体育竞赛愤怒研究的关键环节。

愤怒是一种情绪状态，情绪状态包括认知评价、感受、生理变化和行为，而情绪的最根本问题则涉及这4个方面的关系以及它们如何与环境中的事件相联系。经典情绪理论和愤怒理论对于愤怒产生过程的解释，多是围绕5个关键点之间的因果关系展开的，即事件、认知评价、生理变化、情绪感受和行为。通常来讲，产生情绪的事件被认知评价，评价导致了生理变化和对行为的准备，情绪感受与来自身体的反馈紧密相连，在情绪的早期理论中，詹姆斯-兰格理论认为，个体对情境解释或评价产生的生理唤醒和身体行为决定了情绪感受[1]。坎农-巴德

---

[1]　JAMES W. What is an emotion?[J]. Mind，1884，9（34）：188-205.

理论认为，情绪的认知评价、感受、生理和行为方面的产生是相互独立的[1,2]。情绪认知理论更强调认知评价的中介作用，如 Arnold 的情绪评价 - 兴奋理论认为，情绪的产生过程是刺激—评价—情绪，情绪产生于评价过程[3]。Schachter 和 Singer 的情绪三因素理论（情绪唤醒模型）强调认知对情绪唤醒的核心作用，认为情绪状态是认知过程、生理状态、环境因素在大脑皮层中整合的结果[4]。Lazarus 的认知 - 评价理论是相对完整的情绪理论，主张情绪是一种"反应综合征"，包括环境、生理、认知和行为，认知评价是所有情绪状态的构成基础和组成特征，躯体反应过程、行为表现和主观体验都需要认知评价作为必要的先决条件[5]。情绪 ABC 理论认为，人的情绪是由经历这一事件的人对这一事件的解释和评价引起的，而非某一诱发事件本身，强调改变认知，从而改变情绪和行为[6,7]。

上述理论多是对普通情境下的情绪的共性解释，每种情绪都有它自身独特的反应模式，那么，在特殊情境中，如体育竞赛情境中，愤怒的结构关系、反应模式或发生机制是否依然遵循已有理论的解释呢？本研究根据个案研究得出了4个维度，并构建了中学生体育竞赛状态愤怒的结构模型，以进一步探索愤怒应激源、愤怒认知评价、愤怒反应和愤怒表达之间的结构关系，希望能够在验证理论的基础上探寻更有解释力的愤怒理论，更好地解释中学生体育竞赛状态愤怒的发生机制问题，以便更有针对性地剖析中学生在体育竞赛中愤怒的前因后果及其发生过程，帮助中学生正确认识并合理、有效地管理其在体育竞赛中的愤怒情绪，减少由愤怒带来的负面影响。

6.2 假设提出与模型构建

以经典情绪理论和愤怒理论的观点为思路提出假设模型。挫折攻击假说[8]和

[1] CANNON W B. The James-Lange theory of emotions: a critical examination and an alternative theory[J]. American journal of psychology，1927，39（1/4）：106-124.
[2] BARD P. On emotional expression after decortication with some remarks on certain theoretical views: part I[J]. Psychological review，1934，41（4）：309-329.
[3] ARNOLD M B. Emotion and personality[M]. New York：Columbia University Press，1960.
[4] SCHACHTER S，SINGER J. Cognitive，social，and physiological determinants of emotional state[J]. Psychological review，1962，69（5）：379-399.
[5] LAZARUS R S. Thoughts on the relations between emotion and cognition[J]. American psychologist，1982，37（9）：1019-1024.
[6] 埃利斯，塔夫瑞特. 控制愤怒 [M]. 林旭文，译. 北京：机械工业出版社，2014.
[7] FIVES C J，KONG G，FULLER J R，et al. Anger，aggression，and irrational beliefs in adolescents[J]. Cognitive therapy and research，2011，35（3）：199-208.
[8] DOLLARD J，MILLER N E，DOOB L W，et al. Frustration and aggression[M]. New Haven：Yale University Press，1939.

认知－新联结主义模型[1]认为，愤怒是由不愉快事件或厌恶的情境促成的，任何妨碍或干扰某个体的事物都会激起愤怒，导致攻击行为。李静和王庆研究表明，运动员在比赛中遇到比分落后、不公平对待、语言或身体冲突等负性事件刺激时，愤怒等负性情绪会自动加工，愤怒积累引起个体攻击性升高[2]。因此，本研究推测愤怒应激源（愤怒刺激情境）是"因"，愤怒表达（行为表达）为"果"，愤怒应激源通过愤怒反应影响愤怒表达，即受到愤怒应激源的刺激而产生愤怒反应，愤怒反应的强度可预测愤怒的表达方式。由此，本研究提出假设H1：中学生体育竞赛状态愤怒反应正向预测愤怒表达；H2：中学生体育竞赛状态愤怒应激源通过愤怒反应的完全中介作用影响愤怒表达。

20世纪五六十年代，西方心理学家获得大量关于认知影响情绪的证据，诸多情绪认知理论强调认知评价在情绪产生过程中的中介作用，认为没有认知评价的情绪是不可能的或不完整的[3]。研究表明，思维引发情绪体验及其生理症状，认知是情绪产生的主要原因。Arnold的情绪评价－兴奋理论认为，情绪的产生过程是刺激—评价—情绪，情绪产生于评价过程，认知评价是刺激事件与情绪反应之间必不可少的中介物[4]。基于此，本研究提出假设H3：中学生体育竞赛状态愤怒应激源通过愤怒认知评价的中介作用影响愤怒反应。

沙赫特－辛格理论认为，对事件的评价决定了具体感受和行为[5]。之后的认知－评价理论认为，认知评价是躯体反应过程、行为表现和主观体验必要的先决条件。情绪ABC理论认为，人的情绪是由经历这一事件的人对这一事件的解释和评价引起的，而非某一诱发事件本身，强调改变认知，从而改变情绪和行为[6,7]。当代情绪理论模型认为，情绪刺激引起认知评价，认知评价导致生理唤醒、行为反应、表情和情绪体验。因此，本研究推测愤怒应激源（愤怒刺激情境）是"因"，愤怒反应（生理反应和心理反应）和愤怒表达（行为表达）是"果"，

[1] BERKOWITZ L.On the formation and regulation of anger and aggression. A cognitive-neoassociationistic analysis [J]. American psychologist，1990，45（4）：494–503.
[2] 李静，王庆 . 自动情绪调节对男子足球运动员愤怒和竞赛攻击行为的影响 [J]. 浙江体育科学，2011，33（2）：61–64.
[3] CLORE G L，CENTERBAR D B. Analyzing anger：how to make people mad[J]. Emotion，2004，4（2）：139–144.
[4] ARNOLD M B. Emotion and personality[M]. New York：Columbia University Press，1960.
[5] SCHACHTER S，SINGER J. Cognitive，social，and physiological determinants of emotional state[J]. Psychological review，1962，69（5）：379–399.
[6] 埃利斯，塔夫瑞特 . 控制愤怒 [M]. 林旭文，译 . 北京：机械工业出版社，2014.
[7] FIVES C J，KONG G，FULLER J R，et al. Anger，aggression，and irrational beliefs in adolescents[J]. Cognitive therapy and research，2011，35（3）：199–208.

个体对愤怒应激源的认知评价影响愤怒反应和愤怒表达。由此，本研究提出假设H4：中学生体育竞赛状态愤怒应激源通过愤怒认知评价的中介作用同时引起愤怒反应和愤怒表达。

　　为同时考查愤怒认知评价和愤怒反应的中介作用，基于假设H2和H3，构建愤怒认知评价部分中介和愤怒反应完全中介模型M1（图6-1）；基于假设H1和H3，构建愤怒认知评价完全中介和愤怒反应完全中介模型M2（图6-2）；基于假设H1和H4，构建愤怒认知评价完全中介和愤怒反应部分中介模型M3（图6-3）。通过验证模型M1，考查中学生体育竞赛状态愤怒认知评价在愤怒应激源与愤怒反应之间的部分中介作用，以及愤怒反应在愤怒应激源与愤怒表达之间的完全中介作用；通过验证模型M2，同时考查愤怒认知评价和愤怒反应在愤怒应激源与愤怒表达之间的完全中介作用；通过验证模型M3，考查愤怒认知评价在愤怒应激源与愤怒反应和愤怒表达之间的完全中介作用，以及愤怒反应在愤怒认知评价与愤怒表达之间的部分中介作用。

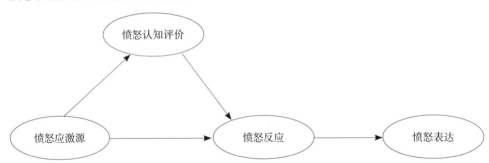

图6-1　M1：中学生体育竞赛状态愤怒认知评价部分中介和愤怒反应完全中介模型

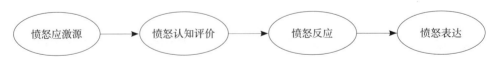

图6-2　M2：中学生体育竞赛状态愤怒认知评价完全中介和愤怒反应完全中介模型

图6-3　M3：中学生体育竞赛状态愤怒认知评价完全中介和愤怒反应部分中介模型

6.3 方法

6.3.1 被试

为尽可能减少误差，本研究被试的选择需满足以下条件：①年龄为13～18岁的在校中学生；②曾在近一年内参加过体育竞赛；③曾在体育竞赛中感受过愤怒。

本研究采用分层抽样法和方便抽样法，从太原市10所公立中学抽取中学生737名，最终选取669名符合条件的有效被试，其中男生346名，女生323名，初中生259名（初一75名，初二99名，初三85名），高中生410名（高一164名，高二178名，高三68名），平均年龄15.59±1.705岁。

6.3.2 研究工具

本研究采用编制的中学生体育竞赛状态愤怒量表，包括中学生体育竞赛状态愤怒应激源分量表、中学生体育竞赛状态愤怒认知评价分量表、中学生体育竞赛状态愤怒反应分量表和中学生体育竞赛状态愤怒表达分量表4个分量表，共41个条目，采用李克特（Likert）5级评分法，中学生体育竞赛状态愤怒应激源分量表计分范围从"没有"计1分至"极重"计5分，中学生体育竞赛状态愤怒认知评价分量表和中学生体育竞赛状态愤怒表达分量表计分范围从"完全不符合"计1分至"完全符合"计5分，中学生体育竞赛状态愤怒反应分量表计分范围从"根本不"计1分至"非常强烈"计5分。总量表的Cronbach's α 为0.922，各分量表的Cronbach's α 分别为0.909、0.861、0.897和0.707。验证性因素分析拟合指标为 $\chi^2/df=3.241$，GFI=0.923，AGFI=0.912，NFI=0.906，CFI=0.933，IFI=0.933，RMSEA=0.039，表明量表具有较好的信度和效度。

6.3.3 量表施测及数据处理

本研究以班级为单位对学生进行集体施测，使用统一指导语指导学生作答，共发放量表737份，有效量表669份，有效回收率为90.8%；使用软件AMOS 21.0分析量表有效数据，构建中学生体育竞赛状态愤怒结构模型，验证假设的合理性。

6.4　结果与分析

6.4.1　共同方法偏差检验

采用量表方式收集数据，在测量中可能存在共同方法偏差问题，因此本研究采用程序控制和统计控制两种方法检验共同方法偏差[1]。

（1）程序控制，即在研究设计与测量过程中采取控制措施，如平衡条目的顺序效应、改进量表条目及保护被试的匿名性等。

（2）统计控制，即在数据分析时，采用Harman单因素检验对共同方法偏差进行检验和控制。探索性因素分析结果显示，未旋转情况下特征值大于1的因子有7个，且第一个因子解释的变异量为25.550%，小于临界值40%，表明研究不存在严重的共同方法偏差。

6.4.2　共线性问题检定

通过二阶段检定结构模型的共线性问题，即将结构模型的因果线去掉，所有潜变量之间两两加相关线，执行结构模型分析，结果显示模型各潜变量之间相关均低于0.75（表6-1），表明中学生体育竞赛状态愤怒结构模型不存在共线性问题。

表 6-1　各潜变量之间相关的标准估计（N=669）

因素	标准估计
愤怒反应 <----> 愤怒表达	0.502
愤怒认知评价 <----> 愤怒表达	0.356
愤怒应激源 <----> 愤怒表达	0.139
愤怒认知评价 <----> 愤怒反应	0.663
愤怒应激源 <----> 愤怒反应	0.417
愤怒应激源 <----> 愤怒认知评价	0.686

由表6-1可知，愤怒应激源与愤怒认知评价、愤怒反应呈显著正相关，愤怒认知评价与愤怒反应呈显著正相关，愤怒反应与愤怒表达呈显著正相关。变量间的相关模式与假设模型的变量关系模式相一致，适合进行结构模型分析，为进一

---

[1] 周浩，龙立荣.共同方法偏差的统计检验与控制方法 [J].心理科学进展，2004（6）：942–950.

步探究假设模型中变量的因果关系奠定了基础。

6.4.3　模型 M1、M2、M3 的验证与比较

模型的验证首先需要检验模型的拟合度，因研究中各潜变量包含的条目较多，为减少随机误差，将同维度下的条目进行打包以简化模型。各潜变量均以各观测指标的条目均值为新指标：愤怒应激源分别以被侵犯和受到阻碍的条目均值为指标，愤怒认知评价分别以敌意归因偏差、资本凭借和归咎于人的条目均值为指标，愤怒反应分别以生理反应和心理反应的条目均值为指标，愤怒表达分别以愤怒外投、愤怒内投和愤怒控制的条目均值为指标。本研究运用软件 AMOS 21.0 对构建模型 M1（图6-4）、M2（图6-5）和 M3（图6-6）进行分析。

首先，检验模型 M1、M2 和 M3 的拟合状况（表6-2）。由表6-2可知，模型 M1、M2 和 M3 的拟合结果均可达到拟合标准：$\chi^2/df<5$（因样本量大于200，所以 $\chi^2/df<5$ 在可接受范围内），RMSEA<0.08，RMR<0.08，GFI、AGFI、NFI、IFI、TLI 和 CFI 均大于0.9，表明模型 M1、M2 和 M3 的拟合状况均较好。比较模型 M1、M2 和 M3 的拟合指标，发现模型 M1 的拟合结果略优于模型 M2 和 M3。

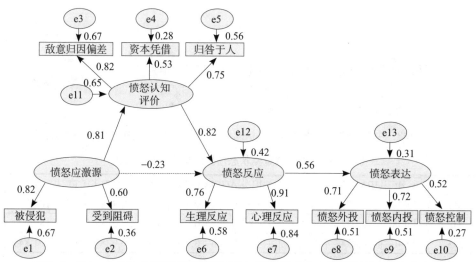

图6-4　M1：中学生体育竞赛状态愤怒认知评价部分中介和愤怒反应完全中介模型

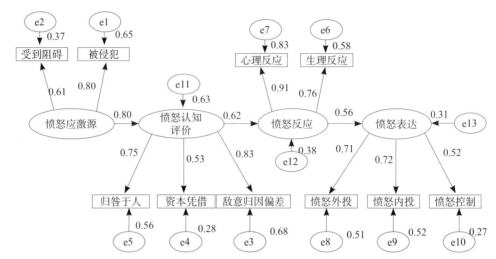

图6-5 M2：中学生体育竞赛状态愤怒认知评价完全中介和愤怒反应完全中介模型

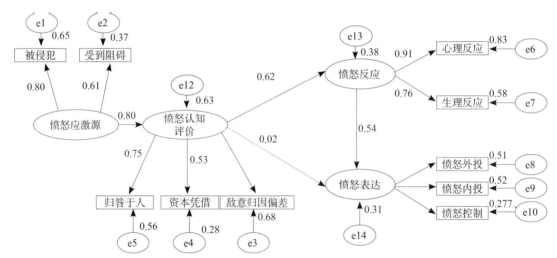

图6-6 M3：中学生体育竞赛状态愤怒认知评价完全中介和愤怒反应部分中介模型

表 6-2   中学生体育竞赛状态愤怒结构模型拟合结果

模型	χ^2/df	RMSEA	RMR	GFI	AGFI	NFI	IFI	TLI	CFI	AIC
M1	4.491	0.072	0.052	0.960	0.929	0.938	0.951	0.928	0.951	187.218
M2	4.498	0.072	0.053	0.958	0.928	0.936	0.949	0.928	0.945	189.922
M3	4.640	0.074	0.053	0.958	0.926	0.936	0.949	0.925	0.949	191.845

其次，分析模型中潜变量的因子载荷（图6-4至图6-6）。愤怒应激源的因子
载荷均在0.60以上，表明被侵犯和受到阻碍是中学生在体育竞赛中产生愤怒的

两个典型应激源；愤怒认知评价的因子载荷均在0.50以上，表明归咎于人、资本凭借和敌意归因偏差典型反映了中学生在体育竞赛中产生愤怒的认知评价方式；愤怒反应的因子载荷均在0.70以上，表明心理反应和生理反应是中学生在体育竞赛中愤怒时典型的愤怒反应，尤其是心理反应的因子载荷高达0.91，表明愤怒应激源主要对中学生愤怒时的心理反应产生影响；愤怒表达的因子载荷均在0.50以上，说明愤怒外投、愤怒内投和愤怒控制典型反映了中学生在体育竞赛中表达愤怒的方向和强度。

最后，分析模型M1、M2和M3的路径系数（图6-4至图6-6、表6-3）。在3个模型中，愤怒反应与愤怒表达之间的标准化路径系数分别为0.56（P=0.000）、0.56（P=0.000）和0.54（P=0.000），表明愤怒反应可正向预测愤怒表达，支持假设H1。模型M1显示，愤怒应激源与愤怒反应之间的路径系数为-0.23（P=0.054），绝对值小于0.45，表明愤怒应激源对愤怒反应没有直接影响，并且愤怒应激源并不能通过愤怒反应的完全中介作用影响愤怒表达，因此，假设H2没有得到数据支持，假设不成立。在愤怒应激源与愤怒反应之间加入中介变量愤怒认知评价，模型M1和模型M2显示，愤怒应激源可正向预测愤怒认知评价（路径系数分别为0.81、0.80，P=0.000），并通过愤怒认知评价的完全中介作用对愤怒反应产生正向影响（中介效应大小为0.50），假设H3得到支持。在模型M3中，愤怒应激源可通过愤怒认知评价的完全中介作用正向预测愤怒反应（中介效应大小为0.50），但并不能正向预测愤怒表达，愤怒认知评价与愤怒表达之间的路径系数仅为0.02（P=0.788），表明愤怒认知评价对愤怒表达不具有直接效应，假设H4没有得到支持，但证明了愤怒认知评价对愤怒表达具有间接效应，即愤怒反应在愤怒认知评价与愤怒表达之间存在着完全中介作用，中介效应大小为0.33。假设H1和H3的成立证明模型M2对变量关系的合理假设，以及模型M2的合理性，表明中学生体育竞赛状态愤怒应激源依次通过影响中学生的愤怒认知评价和愤怒反应最终对愤怒表达产生正向间接影响，愤怒认知评价和愤怒反应在愤怒应激源与愤怒表达之间同时存在完全中介作用。因此，本研究将模型M2命名为中学生体育竞赛状态愤怒认知评价－反应模型。

表 6-3　中学生体育竞赛状态愤怒结构模型的因素间路径系数比较

模型	因素			非标准估计	标准估计	S.E.	C.R.	P
M1	愤怒认知评价	<---	愤怒应激源	1.034	0.806	0.084	12.318	***
	愤怒反应	<---	愤怒认知评价	1.015	0.816	0.144	7.065	***
	愤怒反应	<---	愤怒应激源	−0.360	−0.226	0.179	−2.016	0.054
	愤怒表达	<---	愤怒反应	0.363	0.557	0.041	8.844	***
M2	愤怒认知评价	<---	愤怒应激源	1.015	0.796	0.083	12.294	***
	愤怒反应	<---	愤怒认知评价	0.758	0.617	0.055	13.895	***
	愤怒表达	<---	愤怒反应	0.364	0.557	0.041	8.830	***
M3	愤怒认知评价	<---	愤怒应激源	0.665	0.796	0.054	12.377	***
	愤怒反应	<---	愤怒认知评价	0.758	0.616	0.055	13.875	***
	愤怒表达	<---	愤怒认知评价	0.014	0.018	0.051	0.282	0.788
	愤怒表达	<---	愤怒反应	0.347	0.544	0.046	7.526	***

注：***表示 $P < 0.001$。

6.5　讨论

6.5.1　中学生体育竞赛状态愤怒认知评价－反应理论的建构

鉴于模型 M2（中学生体育竞赛状态愤怒认知评价－反应模型）对中学生体育竞赛状态愤怒 4 个因素（愤怒应激源、愤怒认知评价、愤怒反应和愤怒表达）间因果关系的验证，本研究提出中学生体育竞赛状态愤怒认知评价－反应理论，认为愤怒应激源是中学生体育竞赛状态愤怒产生的前因，愤怒表达为中学生体育竞赛状态愤怒的结果，愤怒认知评价和愤怒反应是中学生体育竞赛状态愤怒应激源影响愤怒表达的重要中介因素，即中学生体育竞赛状态愤怒应激源依次通过影响中学生的愤怒认知评价和愤怒反应来影响愤怒表达。这为解释中学生在体育竞赛情境中愤怒的发生过程及内部机制提供了理论支持，也为情绪认知理论再次提供了实证支持。

在愤怒发生的整个过程中，中学生通过对体育竞赛中愤怒应激源的认知评价产生愤怒的生理反应和心理反应，从而影响愤怒表达的方向和强度。中学生受到愤怒应激源的刺激越强烈，其认知评价越消极，引起的愤怒反应越强烈，个体表达愤怒的程度也越深。这样的结果符合情绪理论的观点。Arnold 的情绪评价－兴奋理论认为，情绪体验是个体对刺激事件的意义被觉知后产生的，而刺激事件的意义来自评价，对同一刺激情境的评价不同，产生的情绪反应也不同[1]。之后，情绪ABC理论[2]及新情绪疗法[3]也强调了认知在愤怒过程中的关键作用，认为愤怒源于认知，使个体产生愤怒情绪反应的不是消极事件，而是个体对这些事件的认知评价。在许多情况下，个体的愤怒都是由不易察觉的认知扭曲引起的，即非理性信念或不合理认知观念，它会极大地影响个体的愤怒反应。

以往的研究结果表明，人们在自己的目标因他人而受到出乎意料的、不愉快的、不公平的干扰时会感到愤怒[4]，个体在体育竞赛中的厌恶或不愉快的知觉会提升愤怒，而且愤怒的累积是导致运动员产生攻击或暴力行为的重要原因[5]。本研究通过个案研究得出了与以往研究类似的结论，认为中学生体育竞赛状态愤怒应激源主要与被侵犯和受到阻碍有关，并且在中学生体育竞赛状态愤怒结构模型检验中得到了验证。成分加工理论认为，愤怒可以是几种评价成分的化合物，每种成分与情境的不同方面有关[6]。个体在体育竞赛情境中愤怒不只与伤害行为的归因有关，也与责任的判断有关[7]，受到行为意图的影响[8]。无论是自己遭遇不公正的待遇，还是目睹他人受到不平等的对待，人们都会产生强烈的愤怒，并在有机会的时候对违反规范和规则者进行惩罚[9]。在经历愤怒的过程中，人们还会以公平与否的评价框架来判断对方行为的对错，而且他们的愤怒体验能够预测其对这些行为做出的行为反应[10]。通过结构模型检验，本研究发现，在体育竞赛强调对规则的遵守与服从的前提下，中学生对体育竞赛状态愤怒应激源的认知评价方式多与敌意归因偏差、归咎于人和资本凭借有关，可直接影响中学生体育竞赛状态愤怒反应。施塔、卡拉特指出，愤怒作为人类基本情绪之一，具有生理特异

[1] ARNOLD M B. Emotion and personality [M]. New York：Columbia University Press，1960.

[2] 埃利斯，塔夫瑞特. 控制愤怒 [M]. 林旭文，译. 北京：机械工业出版社，2014.

[3] 伯恩斯. 伯恩斯新情绪疗法 [M]. 李亚萍，译. 北京：科学技术文献出版社，2014.

[4] SCHERER K R.The role of culture in emotion antecedent appraisal[J]. Journal of personality and social psychology，1997，73（5）：902–922.

[5] HARRELL W A. Aggression by high school basketball players：an observational study of the effects of opponent aggression and frustration–inducing factors[J]. International journal of sport psychology，1980，11（4）：290–298.

[6] GRANDJEAN D，SCHERER K R. Unpacking the cognitive architecture of emotion processes[J]. Emotion，2008，8（3）：341–351.

[7] GOLDBERG J H，LERNER J S，TETLOCK P E. Rage and reason：the psychology of the intuitive prosecutor[J]. European journal of social psychology，1999，29（5/6）：781–795.

[8] RUSSELL P S，GINER–SOROLLA R. Moral anger，but not moral disgust，responds to intentionality[J]. Emotion，2011，11（2）：233–240.

[9] HORBERG E J，OVEIS C，KELTNER D，et al. Disgust and the moralization of purity[J]. Journal of personality and social psychology，2009，97（6）：963–976.

[10] 吴宝沛. 基于情绪的道德判断：厌恶与愤怒的不同效应 [M]. 北京：中央编译出版社，2014.

性，人们对其有独特的内在表达方式，包括面部表情、语言和其他行为[1]。而本研究认为，中学生体育竞赛状态愤怒，无论是生理反应还是心理反应，都是个体在某种特定状态下的愤怒反应，而且他们的愤怒反应能够预测其对这些行为做出的反应，即愤怒表达。按照指向性不同，愤怒表达分为愤怒外投、愤怒内投和愤怒控制3种方式。中学生体育竞赛状态愤怒的反应越激烈，愤怒表达的强度越大，且更倾向于以愤怒外投的方式表达愤怒。

在验证模型的过程中，本研究排除了愤怒应激源可直接影响愤怒反应、愤怒认知评价可直接影响愤怒表达的可能性推断，证实了愤怒认知评价和愤怒反应只存在完全中介作用，并且愤怒应激源依次通过影响愤怒认知评价和愤怒反应来影响愤怒表达。这一结果将以往的理论和研究中的愤怒体验（愤怒感受、生理变化和行为）重新划分为愤怒反应（愤怒的生理反应和心理反应）和愤怒表达。情绪认知理论虽然被证实可以解释中学生体育竞赛状态愤怒与其他情境中愤怒发生机制的共性问题，但中学生体育竞赛状态愤怒更强调体育竞赛情境的特殊性，通常表现为愤怒应激源及愤怒表达方式的不同。体育竞赛以获取优胜为目的，尤其在同场对抗类项目中，赛场气氛往往紧张激烈、竞争与对抗明显、刺激因素增多，中学生的生理和心理往往处于中等唤醒状态或高唤醒状态。对于一些可唤醒性较低的中学生，轻微的与愤怒有关的刺激便很容易使其生理和心理进入高唤醒状态，影响其对情绪和行为的控制，而且其愤怒表达的方式也会受到比赛规则的约束。

6.5.2 研究展望与实践意义

愤怒既是一种情绪状态的愤怒，也是一种更稳定的特质性愤怒，而本研究所构建的中学生体育竞赛状态愤怒认知评价－反应理论目前只适用于解释中学生体育竞赛状态愤怒，具有特质性愤怒的个体在体育竞赛中的愤怒是否能够被该理论所解释，还需要在未来研究中进一步考查。此外，为拓宽中学生体育竞赛状态愤怒认知评价－反应理论的解释范围，未来研究还有必要考查不同年龄段人群、不同运动等级运动员在不同类型、级别和项目的体育竞赛中愤怒的相似性与差异性。

[1] 施塔，卡拉特 . 情绪心理学：第 2 版 [M]. 周仁来，等译 . 北京：中国轻工业出版社，2015.

中学生体育竞赛状态愤怒认知评价–反应理论的提出，为理解中学生体育竞赛状态愤怒发生机制以及愤怒管理提供了理论支持。对中学生体育竞赛状态愤怒的管理可以以赛前、赛中和赛后为主线，通过防范体育竞赛中可引起中学生产生愤怒应激反应的愤怒应激源、控制愤怒思维或认知、控制情绪反应等方式，避免愤怒引发的更为激烈的冲突或体育暴力事件。

6.6 小结

本研究构建的中学生体育竞赛状态愤怒认知评价–反应理论认为，愤怒应激源是中学生体育竞赛状态愤怒产生的前因，愤怒表达是中学生体育竞赛状态愤怒的结果，愤怒认知评价和愤怒反应是中学生体育竞赛状态愤怒应激源影响愤怒表达的重要中介因素，即中学生体育竞赛状态愤怒应激源依次通过影响中学生的愤怒认知评价和愤怒反应来影响愤怒表达。

7　中学生体育竞赛状态愤怒管理

7.1　引言

　　中学生体育竞赛状态愤怒管理是指中学生积极主动地采取适当的方式去管理自己在体育竞赛中的愤怒情绪。在竞技体育中，情绪变化对运动表现的影响尤为重要，大部分研究认为愤怒情绪会降低运动表现，甚至引发攻击或暴力行为[1]。Robozza 等研究发现，在体育竞赛中愤怒有利于提高运动员的运动表现，而非阻碍[2]。因此，中学生体育竞赛状态愤怒管理对提高运动表现、避免冲突和减少攻击暴力等恶性事件的发生，以及提高情绪管理能力都有着重要作用。

　　基于对中学生体育竞赛状态愤怒的内部结构、发生过程及现状的研究，借鉴国内外有关愤怒管理的理论和方法，本研究提出中学生体育竞赛状态愤怒的管理策略和方法，以帮助中学生及体育教师及时、合理地调节和控制中学生在体育竞赛过程中的愤怒情绪，并帮助中学生提高对体育竞赛状态愤怒的管理能力。

7.2　未雨绸缪：调节中学生赛前情绪状态

　　最佳竞技状态是每一位运动员和教练员都渴望和追求的一种参赛心理和生理状态，也是运动员的技战术水平在比赛中充分发挥和运动员创造优异成绩的最佳

[1]　VAST R L, YOUNG R L, THOMAS P R. Emotions in sport: perceived effects on attention, concentration, and performance[J]. Australian psychologist, 2010, 45（2）: 132-140.
[2]　ROBAZZA C, BERTOLLO M, BORTOLI L. Frequency and direction of competitive anger in contact sports[J]. Journal of sports medicine and physical fitness, 2006, 46（3）: 501-508.

保证。而最佳情绪状态并非自然而然产生的，有时还会受到内在因素、外在因素的影响，如运动员的身体状态、社会关系、与对手的积怨或敌对等。赛前，为快速调动中学生情绪到最佳状态，可根据实际情况采用以下方法。

（1）了解中学生的愤怒特点。

在日常学习和训练中，中学生个体及其教师要注意和了解中学生的愤怒特点，如容易因何愤怒、愤怒时会有何感受和表现，这样有利于在比赛中准确把握中学生的愤怒情绪，做到及时发现、及时处理。

（2）总结快速调节中学生愤怒的方法。

中学生个体及其教师要及时总结中学生在训练和比赛中调节愤怒的经历和经验，归纳和总结出快速而有效地调节中学生愤怒的方法，因人制宜、因时制宜，方法无高低之分，有效即优。

（3）做好赛前准备。

比赛前，中学生个体及其教师要认真准备体育竞赛突发事件应对策略库，其中包括对赛间情绪问题的处理和应对。

尽可能排查和减少竞赛环境中可引发中学生愤怒的各种不确定因素，如减少噪声，避免观众干扰，完备比赛器械器材，防止场地湿滑，调节赛场温度、湿度和光线，提前适应比赛场地，等等。若无法改变竞赛环境，则应理性认知环境带来的影响，充分关注和调动中学生自身可控因素的作用，减弱环境因素对中学生情绪带来的不利影响。

学校或赛事主办方应提前做好体育竞赛应急预案，包括预防和及时应对赛间可能由运动员或观众愤怒而引发的攻击暴力事件。

（4）调整中学生赛前情绪状态。

中学生个体及其教师要注意中学生在赛前是否有学习、生活或社会交往中的负性情绪。若有，则须及时调整状态，使其专注于当下的比赛，将注意力集中在即将进行的比赛中，如比赛任务、自身动作、技术和战术等，排除无关信息的干扰，避免将负性情绪带到比赛中，进而影响比赛状态或引发冲突。例如，通过明确竞赛目标和任务、采用暗示训练转移注意力、采用放松训练（如渐进放松训练和冥想训练等），降低中学生负性情绪反应，以调整其赛前情绪状态。若中学生在赛前无负性情绪，可调整中学生心态，适当提高中学生的生理和心理唤醒水平，快速调动其情绪到最佳状态。

7.3 从容应对：控制中学生赛中愤怒

即使赛前已对中学生的情绪状态进行了调整，但比赛中中学生的情绪仍可能受某种或多种因素的影响，如被侵犯和受到阻碍等，从而产生愤怒情绪。当中学生在体育竞赛中产生愤怒情绪时，可按照以下7个方面分步进行控制。

7.3.1 识别愤怒

控制中学生赛中愤怒的第一步，即识别愤怒。

愤怒时，愤怒者的身体、情绪和反应先于大脑思维而行动。中学生个体及其教师应尽可能在中学生愤怒反应增强或表达愤怒之前，通过中学生的面部表情、肢体动作、躯体感受和心理反应等识别其愤怒情绪。

（1）面部表情识别。在眼睛和前额方面，双眼前凹、瞳孔收缩、双目圆瞪、前额皱纹密布；在口和腭方面，口紧闭、双腭前伸、嘴唇翘起、牙关咬紧；在整个面部，面红耳赤。

（2）肢体动作识别。拳头紧握、身体前倾、身体发抖、全身肌肉紧绷、推搡、拉扯、摔打等。

（3）躯体感受识别。须通过中学生个体的自我感受和自诉来识别，如心跳加快、血压升高、呼吸加快、脑后部刺痛、胸部或心脏部位疼痛、头痛等。

（4）心理反应识别。须通过中学生个体的自我觉察和教师的观察及经验判断，如不服气、不甘心、不满、心里不舒服、不耐烦、不能忍受、冲动、不理智、烦躁、焦虑、紧张、着急、注意力集中在生气上、想打骂人、不想继续配合、不想继续比赛等。

（5）愤怒的诱因识别。正确识别中学生赛中愤怒的诱因，才能对症下药，有的放矢地采取适宜的策略和方法来控制中学生赛中愤怒。诱因一般为被侵犯、受到阻碍、赛前情绪不佳、比赛状态不佳、运动表现不佳、比赛环境不利、比赛器械器材不到位、发挥失常、出现失误、犯规、比分落后、比赛失利、比赛分差大、对抗激烈、与对手实力悬殊或相近、比赛过程不顺利、比赛成绩或结果不理想等。

7.3.2　修正情境

修正情境，即合理利用规则，对诱发愤怒的事件或情境进行适当的控制或改变[1]。部分项目（如网球、篮球等）的运动员可以在比赛过程中进行申诉，如出现误判或认为是误判要及时向裁判指出问题，态度平和，为自己和队友调节情绪赢得时间，指出后即使裁判没有改判，也应尽快进入比赛，不要使比赛中断时间过长；如比赛中观众的干扰影响发挥时，可以采取制止的方式减弱赛场中的噪声；如比赛中与对手发生冲突，情绪激动时，可以通过请求暂停比赛的方式，暂时离开愤怒情境[2]。

7.3.3　接纳现实

若无法对诱发愤怒的事件或情境进行修正，教师应引导中学生接纳现实，不可愤怒反刍，避免中学生沉浸于愤怒情绪之中，应尽快避免干扰，将注意力集中于接下来的比赛中。

7.3.4　注意控制

中学生在赛中出现愤怒情绪时，应将注意力从愤怒对象和情境中转移开，集中注意力于当下赛场上的情况和比赛任务，如控制自己的技术动作、关注对手动作、预测对手动向、关注球的运行、关注队友的位置等，进而忽略其他无关信息。

7.3.5　认知重构

不同中学生的思维方式不同，对相同的愤怒情境，他们可能有不同的认知。积极、合理的认知方式能够促进愤怒情绪的调节和问题的解决；而消极、不合理的认知方式则会增强中学生的愤怒情绪，不仅不利于问题的解决，还会由愤怒引发攻击等不良行为反应。通过认知重构来改变中学生在竞赛中的愤怒认知观念，能够降低中学生的赛中愤怒反应，消除攻击意图，避免出现过激行为。可采用以

---

[1]　蒋长好.运动情绪及其调节[M].北京：教育科学出版社，2012.
[2]　孟昭兰.情绪心理学[M].北京：北京大学出版社，2005.

下3种方式进行认知重构。

（1）思维阻断。蒋长好在《运动情绪及其调节》一书中提出，中学生当发现自己出现消极思维时，利用言语、视觉或身体线索中止消极的思维，从而最大限度地减少不合理思维造成的愤怒情绪所带来的不良影响[1]，如在赛场条件允许的情况下，中学生可通过大吼一声、大声命令、用力拍击大腿等方法阻断自己正在进行的消极思维。

（2）与不合理认知观念辩驳。教师帮助中学生或中学生自身利用事实和合理的认知观点对不合理认知观念进行质疑和辩驳，从而动摇中学生原有的认知观念，使其转换思维角度，放弃不合理认知观念。例如，中学生在篮球比赛中受到对手的攻击，认为对手一定是带有敌意性的而愤怒。中学生可首先找到自己的不合理认知观念，即"他带有敌意地攻击我"，然后对此观念进行质疑和辩驳，问自己："他一定是故意攻击我的吗？我真的感觉无法忍受吗？"在反复辩驳的过程中，中学生逐渐意识到自己的认知观念可能是不合理的，从而以合理的认知观念代替这些不合理的认知观念，如"比赛中争抢激烈，难免会发生碰撞，他应该不是故意攻击我的。我虽然感到有些疼痛和生气，但是我还能忍受，应该继续比赛"。

（3）角色扮演。中学生在赛中相信不合理的认知观念时，可简短、快速扮演愤怒对象，并为愤怒对象寻找理由和证据进行反驳和质问。通过角色扮演，中学生主动换位思考，逐渐为建立新的、合理的认知观念提供依据，从而转变原来不合理的认知观念。

7.3.6　调整情绪

中学生在赛中出现愤怒情绪时，应采取一些方法尽快稳定情绪，如深呼吸、自我暗示、表象成功动作、想象比赛获胜或其他美好的事情；也可在比赛规则允许的条件下适当调整愤怒情绪，如大喊、走下场地与教师沟通、舒展身体、检查或更换器械、喝水或擦汗等，借此释放愤怒，调整情绪。

---

[1]　蒋长好.运动情绪及其调节[M].北京：教育科学出版社，2012.

7.3.7 反应调整

反应调整是中学生在体育竞赛中的愤怒被激发后，对愤怒反应和愤怒表达施加影响。可采用以下方法进行调整。

（1）放松。中学生可通过渐进放松使全身各部位肌肉及心理放松，以降低神经系统的兴奋性，缓解紧张情绪，在渐进放松的同时还可配合表象和暗示语以提高放松效果[1]。例如，中学生在比赛中出现愤怒反应时，在进行渐进放松训练的同时可进行自我暗示或他人暗示，暗示自己要"冷静""别冲动""他是无意的""摆脱他""还有机会"等。

（2）合理表达。在比赛过程中，中学生可针对愤怒事件向裁判提出申诉，或与教师及时沟通。须注意口气和措辞，适当运用肢体语言。

（3）适当宣泄。在赛场条件允许、未违反比赛规则要求或者不会对他人造成干扰和影响的情况下，中学生可通过适当的方式将愤怒情绪宣泄出来。

（4）行为矫正。教师或队友应及时发现中学生个体在赛中的愤怒情绪并及时制止其过激行为，还可在比赛规则允许的情况下根据当时情况暂停比赛。裁判按照比赛规则，应及时对中学生的犯规或过激行为进行判罚，避免其出现体育暴力行为。对于一些愤怒程度较高，并出现过激行为的中学生观众，教师或赛场管理人员（如安保、志愿者、赛场管理者等）可对其进行制止、劝解、教育或带离比赛现场等。

当然，方法的选择应尊重中学生的个体差异。

7.4 积极调适：调整中学生赛后愤怒

中学生在体育竞赛中产生的愤怒并不总是随着比赛的结束而消失的。一些中学生有时会将赛中的愤怒延续至比赛结束后和赛场外，对自己、他人或周围环境宣泄赛中被暂时压抑的愤怒情绪，甚至产生怨恨和敌对情绪，以致遇到相同情境或对手时，愤怒一触即发。因此，教师及中学生个体应及时调整中学生赛后愤怒情绪，并及时总结，可从以下方面进行调整。

---

[1] 蒋长好. 运动情绪及其调节 [M]. 北京：教育科学出版社，2012.

（1）接受现实，客观评价。

当中学生比赛失败时，无论什么原因，中学生自身及其同伴和教师都应接纳事实，不应再沉浸于对失误、失败或遭遇不公的愤怒反刍之中。中学生应对赛中的愤怒对象或事件给予客观的评价，正视赛中出现的问题，分析原因，而不应盲目地责怪。

（2）适当宣泄。

中学生在遇到挫折和失败后，始终压抑愤怒而不向外表达不利于身心健康，可以以适当的方式及时地宣泄心中的愤怒，如散步、体育锻炼、写日记、找合适的人倾诉、唱歌、哭泣或做自己喜欢的事等。

（3）心理放松。

比赛结束后，中学生可通过心理放松消除愤怒情境留在大脑皮层的强痕迹作用，如音乐放松和想象放松。

陈少华在《情绪心理学》一书中提到，音乐可以起到镇静剂的作用，能够影响人的大脑和身体，使肌肉放松[1]。比赛结束后，中学生可以全身心地投入到自己喜欢的音乐中。

孟昭兰在《情绪心理学》一书中提到，运用放松技能，使肌肉放松并影响心理放松[2]，如中学生选择舒适、安静的环境，闭上眼睛，放松全身，想象自己正处在感到放松、愉快的环境中。

（4）及时总结。

待中学生情绪状态恢复和稳定后，教师应与中学生及时沟通和交流，引导和帮助中学生调整心态，及时反思和总结赛中出现的问题，引导其正确认识和分析愤怒的前因后果及利弊，并对合理控制和调节愤怒的应对策略和方法进行鼓励和整理，纳入体育竞赛突发事件应对策略库。对情绪控制能力较弱和行为过激的中学生，教师应尊重中学生的个体差异，及时给予引导和教育，帮助其正确认识自己的愤怒，因材施教，教授其有效控制和调节在体育竞赛中愤怒的策略和方法，并在其训练和学习中给予更多关注。

[1] 陈少华. 情绪心理学 [M]. 广州：暨南大学出版社，2008.
[2] 孟昭兰. 情绪心理学 [M]. 北京：北京大学出版社，2005.

7.5　提高中学生体育竞赛状态愤怒管理能力

提高中学生与愤怒相关的认知、情绪和行为的自我调节能力，有助于其在体育竞赛中自我调节愤怒表达的方式、频率、强度等，减少敌意性反应。可尝试如下方法提高中学生体育竞赛状态愤怒管理能力。

（1）合理情绪训练，改变愤怒认知方式。

合理情绪训练强调在情绪发生过程中认知因素的作用[1]，合理情绪训练能够有效控制愤怒[2]。在体育竞赛中，认知评价能够影响中学生的愤怒生理和心理反应，可通过改变中学生的认知方式，帮助中学生以合理的认知方式代替不合理的认知方式，以减少或消除中学生在体育竞赛中由不合理认知观念引发的愤怒。

合理情绪训练的程序：①教师帮助中学生找出诱发其在体育竞赛中愤怒的事件；②识别中学生在愤怒时的不合理认知观念，并分析中学生对诱发愤怒事件的解释、评价和看法，使中学生认识到其不合理认知观念是产生愤怒的根源；③引导和帮助中学生通过认知重构的方式来反驳自己的不合理认知观念，以合理认知观念代替不合理认知观念，以减少或消除中学生在体育竞赛中的愤怒。

（2）放松训练，调节愤怒状态。

教师可以在中学日常学习或训练中指导其进行放松训练，使中学生在放松训练中熟练掌握放松技巧，以在比赛期间有效调节情绪状态，降低愤怒水平。

渐进放松训练是常用的心理放松方法之一，通过让中学生全身各部位肌肉紧张和放松，以提高个体对肌肉的感知能力，降低神经系统的兴奋性，缓解紧张情绪，集中注意力，增强自我调节愤怒的能力[3]。基本方法如下：①选择一种舒服的姿势，没有束缚，让自己尽可能地感到舒服；②逐步放松身体的各个部位，包括四肢放松（右臂、左臂、右腿和左腿依次放松）、腹肌和背肌放松（腹肌和背肌依次放松，达到躯干放松的目的）、面部肌肉放松（面部肌肉逐步放松）、心理放松（结合表象、语言描述等加强放松效果）。完成后可根据情况重复一次或多次。

---

[1]　蒋长好.运动情绪及其调节[M].北京：教育科学出版社，2012.
[2]　埃利斯，塔夫瑞特.控制愤怒[M].林旭文，译.北京：机械工业出版社，2014.
[3]　蒋长好.运动情绪及其调节[M].北京：教育科学出版社，2012.

（3）模拟训练，提高愤怒情境适应性。

教师可以在中学生日常学习或训练中指导其进行模拟训练，有意识地使训练条件复杂化，增加训练中的干扰因素和对抗性等，逐步提高中学生对竞赛情境的适应性，如比赛环境模拟、比赛关键情境模拟、对手模拟、裁判判罚模拟、观众模拟和时差模拟等。教师通过预先设置可能引起愤怒应激反应的愤怒应激源或事件，让中学生置身其中并逐步熟悉和适应应激事件，让其了解自己在愤怒时的感受和反应，提高其对竞赛中愤怒情境的适应性，使其在比赛中遇到类似情境时，能够更好地应对，避免出现过激反应。

（4）增强中学生应对竞赛中突发事件的能力。

建立体育竞赛突发事件应对策略库，并及时整理和更新。根据参赛经历和经验，针对可能引发中学生愤怒的各类突发事件提出相应的应对策略，如"当比赛中发生……时，我应该/可以……"。可配合模拟训练，增强中学生应对竞赛中突发事件的能力。

（5）愤怒游戏，学习愤怒管理技巧。

为有效地管理体育竞赛状态愤怒，中学生可通过做游戏的方式来体验竞赛愤怒和学习愤怒管理技巧。游戏的设置应与体育竞赛情境相结合，并与中学生的年龄段特点、需要、能力和参赛经历相适应[1]。愤怒游戏能够使中学生模拟体育竞赛愤怒情境，体验愤怒感受，以游戏的形式大胆尝试不同的愤怒管理技巧，能够提高中学生在体育竞赛中管理愤怒的适应性和技巧性。当游戏中的行为在真实的体育竞赛中发生时，中学生应对起来可能会更加富有技巧[2]。以下是两个愤怒游戏，供参考。

游戏一：照镜子

年龄：13～18岁。

游戏人数：至少2人。

游戏时长：5～10分钟。

游戏任务：想象愤怒，观察和模仿某名中学生愤怒时的面部表情和肢体动作。

游戏目标：观察和体会他人愤怒时的感受，锻炼同理心，学会理解他人。

[1] 普拉默. 儿童愤怒情绪管理游戏 [M]. 马柯，译. 南京：南京师范大学出版社，2015.
[2] 普拉默. 儿童愤怒情绪管理游戏 [M]. 马柯，译. 南京：南京师范大学出版社，2015.

游戏步骤：

① 确定一个与体育竞赛愤怒有关的主题。

② 中学生各自仔细回想或想象自己愤怒时的情境和感受。

③ 中学生两两相对站立，轮流模仿彼此愤怒时的面部表情和肢体动作。模仿应不浮夸，尽可能相似。

反思：模仿他人时，你有什么感觉？看到别人模仿你时，你有什么感觉？

游戏二：抖包袱

年龄：15～18岁。

游戏人数：3人以上。

游戏时长：10分钟。

游戏任务：讲述在体育竞赛中愤怒的事件，头脑风暴解决之策。

游戏目标：学习如何应对体育竞赛中的愤怒情绪。

游戏步骤：

① 所有中学生围坐成圆圈。

② 每名中学生各自列出曾在体育竞赛中愤怒的经历。

③ 每名中学生依次讲述自己愤怒时的情境和感受。

④ 每名中学生讲述完后，所有中学生进行头脑风暴，想想如何应对这些愤怒的情况，并提出各自的对策和建议。

⑤ 每一轮头脑风暴完成之后，让此轮讲述者抖动身体及四肢来释放紧张感。

⑥ 进行一轮"当我在体育竞赛中愤怒时，我可以……"的游戏。每名中学生依次发言。

反思：我学到了哪些应对体育竞赛愤怒的方法？哪些适用于我？如果我遇到某种愤怒情境时，我应该如何应对？

需要注意的是，游戏是一件严肃的事情，受规则约束，在选择和设置某一个游戏时，应充分了解该游戏的规则、程序，而且游戏本身并不是万能的，也没有哪一个游戏能够持续有效地解决某个问题或产生特定的效果[1]。

---

[1]　普拉默.儿童愤怒情绪管理游戏[M].马柯,译.南京:南京师范大学出版社,2015.

7.6 小结

中学生体育竞赛状态愤怒管理是指中学生积极主动地采取适当的方式去管理自己在体育竞赛中的愤怒情绪。按照体育竞赛的3个阶段，中学生体育竞赛状态愤怒管理包括调节中学生赛前情绪状态、控制中学生赛中愤怒和调整中学生赛后愤怒。可通过合理情绪训练、放松训练、模拟训练等方法提高中学生体育竞赛状态愤怒管理能力。

8　结论

（1）中学生体育竞赛状态愤怒是指中学生在体育竞赛情境中受到一些因素的强烈刺激，在认知评价的作用下产生的一种负性情绪反应，伴随有不同的愤怒表达方式，由愤怒应激源、愤怒认知评价、愤怒反应和愤怒表达4个因素构成。其中，愤怒应激源包括被侵犯和受到阻碍，愤怒认知评价包括敌意归因偏差、资本凭借和归咎于人，愤怒反应包括生理反应和心理反应，愤怒表达包括愤怒外投、愤怒内投和愤怒控制。

（2）采用心理测量范式自编的中学生体育竞赛状态愤怒量表由中学生体育竞赛状态愤怒应激源分量表、中学生体育竞赛状态愤怒认知评价分量表、中学生体育竞赛状态愤怒反应分量表和中学生体育竞赛状态愤怒表达分量表4个分量表组成。各分量表及总量表均具有较好的信度和效度，可作为测量中学生体育竞赛状态愤怒的有效工具。

（3）中学生体育竞赛状态愤怒在总体上不存在显著的性别差异，但在愤怒认知评价、愤怒反应和愤怒表达3个因素上，男生的愤怒程度高于女生，而在愤怒应激源因素上，女生的愤怒程度则高于男生；中学生体育竞赛状态愤怒存在年级差异，并在整体上呈现出愤怒程度随年级增长而升高的趋势；中学生体育竞赛状态愤怒在体育竞赛级别上存在显著差异，总体上中学生在县区级体育竞赛中的愤怒程度较高；中学生体育竞赛状态愤怒存在项目差异，中学生在开放式运动技能项目中体育竞赛状态愤怒程度高于封闭式运动技能项目。

（4）在影响中学生体育竞赛状态愤怒的因素中，被侵犯、比赛情境、受到阻碍为主要因素，运动表现不佳、赛前情绪不佳和人格为次要因素，比赛环境不利、比赛状态不佳、能力不足、情绪调控能力弱、低挫折忍耐力、想赢怕输、敌意归因、家庭环境、比赛器械器材不到位、社会环境为一般因素。

（5）本研究构建的中学生体育竞赛状态愤怒认知评价-反应理论认为，愤怒应激源是中学生体育竞赛状态愤怒产生的前因，愤怒表达是中学生体育竞赛状态愤怒的结果，愤怒认知评价和愤怒反应是中学生体育竞赛状态愤怒应激源影响愤怒表达的重要中介因素，即中学生体育竞赛状态愤怒应激源依次通过影响中学生的愤怒认知评价和愤怒反应来影响愤怒表达。

（6）中学生体育竞赛状态愤怒管理是指中学生积极主动地采取适当的方式管理自己在体育竞赛中的愤怒情绪。按照体育竞赛的3个阶段，中学生体育竞赛状态愤怒管理包括调节中学生赛前情绪状态、控制中学生赛中愤怒和调整中学生赛后愤怒。可通过合理情绪训练、放松训练、模拟训练等方法提高中学生体育竞赛状态愤怒管理能力。

附录

附录 I　中学生体育竞赛状态愤怒访谈提纲

访谈日期：＿＿＿＿　访谈时间：＿＿＿＿

所在学校：＿＿＿＿　性别：＿＿＿＿　年龄：＿＿＿＿　年级：＿＿＿＿

1.你在近一年内的体育竞赛中是否生过气或感到过愤怒？请讲述当时的情况。

2.请描述你在体育竞赛中生气或愤怒时真实的内心感受和情绪体验。

序号	在体育竞赛中使我生气或愤怒的情况	没有	很轻	中等	较重	极重
7	看到对方获胜	1	2	3	4	5
8	比赛中观众向赛场内扔杂物	1	2	3	4	5
9	天气太热	1	2	3	4	5
10	比赛中裁判判罚不公平	1	2	3	4	5
11	比赛中对手拉扯我	1	2	3	4	5
12	看到对方的技术充分发挥	1	2	3	4	5
13	比赛中对手动作不干净	1	2	3	4	5
14	比赛场地条件差	1	2	3	4	5
15	比赛中裁判漏判	1	2	3	4	5
16	比赛中球被对手断了	1	2	3	4	5
17	比赛时自己发挥得不好	1	2	3	4	5
18	比赛中对手恶意犯规	1	2	3	4	5
19	比赛场地湿滑	1	2	3	4	5
20	比赛中裁判误判	1	2	3	4	5
21	比赛中对手严防死守	1	2	3	4	5
22	比赛时自己出现了失误	1	2	3	4	5
23	比赛中对手对我不尊重	1	2	3	4	5
24	比赛中观众叫喊	1	2	3	4	5
25	比赛中裁判错判	1	2	3	4	5
26	输掉了比赛	1	2	3	4	5
27	比赛中对手嘲讽我（我们）	1	2	3	4	5
28	围观的观众太多	1	2	3	4	5
29	比赛中裁判有意偏袒对手	1	2	3	4	5
30	比分落后	1	2	3	4	5
31	比赛中对手故意挑衅我（我们）	1	2	3	4	5
32	比赛中观众对我（我们）喝倒彩	1	2	3	4	5
33	自己的努力被否定	1	2	3	4	5
34	比赛时己失误太多	1	2	3	4	5
35	比赛中对手对我们竖中指	1	2	3	4	5
36	裁判执裁能力不足	1	2	3	4	5
37	比赛结果和预期相差甚远	1	2	3	4	5
38	比赛中对手对我们说脏话	1	2	3	4	5
39	比赛节奏被打乱	1	2	3	4	5
40	比赛中对手故意冲撞我	1	2	3	4	5
41	自己在比赛中的状态不好	1	2	3	4	5
42	比赛中对手报复我	1	2	3	4	5

序号	在体育竞赛中使我生气或愤怒的情况	没有	很轻	中等	较重	极重
43	比赛中没有发挥出自己的正常水平	1	2	3	4	5
44	比赛中被对手肘击	1	2	3	4	5
45	觉得自己的身体素质差	1	2	3	4	5
46	比赛中被对手推	1	2	3	4	5
47	觉得自己的技术水平不高	1	2	3	4	5
48	比赛中被对手踢	1	2	3	4	5
49	觉得自己的运动能力不足	1	2	3	4	5
50	比赛中被对手辱骂	1	2	3	4	5
51	自己无法摆脱防守	1	2	3	4	5
52	看到队友被对手欺负	1	2	3	4	5
53	在重要的比赛中失掉了分数	1	2	3	4	5
54	遭到队友的指责	1	2	3	4	5
55	比赛中与对手水平相当却出现失误	1	2	3	4	5
56	老师不理解我	1	2	3	4	5
57	在比赛的关键时刻出现失误	1	2	3	4	5
58	老师偏心队友	1	2	3	4	5
59	比赛中队友发挥得不好	1	2	3	4	5
60	老师当着大家的面批评我	1	2	3	4	5
61	比赛中队友缺乏配合	1	2	3	4	5
62	比赛中队友不积极主动配合	1	2	3	4	5
63	比赛中队友出现失误	1	2	3	4	5
64	比赛中与队友意见不合	1	2	3	4	5
65	老师不换人	1	2	3	4	5
66	老师安排不合理	1	2	3	4	5

第二部分　中学生体育竞赛状态愤怒认知评价分量表

指导语：请回想你曾在体育竞赛中经历和体验到生气或愤怒时的情境，并用"√"标出与你当时在体育竞赛中真实的想法和感受相符的数字。答案无对错之分，请你放心作答。

序号	在体育竞赛中我真实的想法和感受	完全不符合	基本不符合	偶尔符合	基本符合	完全符合
1	我认为裁判对我（我们）的判罚重了	1	2	3	4	5
2	对手动作过大时，我觉得他是故意攻击我的	1	2	3	4	5
3	输给了技术水平不如我（我们）的对手	1	2	3	4	5
4	当队友出现失误时，我认为是他不好好表现	1	2	3	4	5
5	明明是对方的错，裁判却判罚了我（我们）	1	2	3	4	5
6	我觉得裁判在有意偏袒对方	1	2	3	4	5
7	输给了身体素质不如我（我们）的对手	1	2	3	4	5
8	当队友表现不好时，我认为是队友没有用心比赛	1	2	3	4	5
9	我（我们）没有犯规，裁判却判犯规了	1	2	3	4	5
10	我觉得裁判是故意给对方放水	1	2	3	4	5
11	当被对手侵犯时，我觉得我（我们）比他们厉害，却打不过他们	1	2	3	4	5
12	比赛输了，我认为是队友不好好配合	1	2	3	4	5
13	当老师批评我时，我觉得他冤枉我了	1	2	3	4	5
14	当我（我们）被裁判判罚时，我觉得裁判是在故意整我（我们）	1	2	3	4	5
15	当我（我们）输掉比赛时，我觉得队友的技术水平差	1	2	3	4	5
16	当对手攻击我（我们）时，我觉得裁判假装没看到	1	2	3	4	5
17	当被对手侵犯时，我觉得对方人多，我（我们）打不过对手	1	2	3	4	5
18	当对手对我说报复性的话时，我觉得他是在威胁我	1	2	3	4	5
19	我（我们）是训练过的，怎么能输给从未训练过的对手	1	2	3	4	5
20	当对手冲撞我时，我觉得对手是故意的	1	2	3	4	5
21	当对手说脏话时，我觉得他是在骂我	1	2	3	4	5
22	当对手对我做一些小动作时，我觉得他是在挑衅我	1	2	3	4	5
23	当我出现失误时，我觉得对手在嘲讽我	1	2	3	4	5
24	在比赛中，我觉得观众的叫骂是在针对我	1	2	3	4	5
25	当对方说话语气重时，我觉得他不尊重我	1	2	3	4	5
26	当我出现失误时，我觉得队友在埋怨我	1	2	3	4	5

第三部分 中学生体育竞赛状态愤怒反应分量表

指导语：下面描述的是一些中学生在体育竞赛中的心情状态的句子。请仔细阅读每一个句子，用"√"标出与你在体育竞赛中生气或愤怒时的感受相符的数字。答案无对错之分，请你根据自己当时的真实感受作答。

序号	我在体育竞赛中生气或愤怒时的感受	根本不	有一点	中等程度	比较强烈	非常强烈
1	我感到身体发抖	1	2	3	4	5
2	我会对对方翻白眼	1	2	3	4	5
3	我对此次比赛感到不耐烦	1	2	3	4	5
4	我感觉不到疼痛	1	2	3	4	5
5	我会撇嘴	1	2	3	4	5
6	比赛中我感觉有些破罐子破摔了	1	2	3	4	5
7	我的身体向前倾斜	1	2	3	4	5
8	我的脸色很难看	1	2	3	4	5
9	我感到兴奋	1	2	3	4	5
10	我感到胃里不舒服	1	2	3	4	5
11	我的表情很严肃	1	2	3	4	5
12	我感觉我快要爆发了	1	2	3	4	5
13	我会流汗	1	2	3	4	5
14	我会叹气	1	2	3	4	5
15	我感到很恼火	1	2	3	4	5
16	我感到脸发热	1	2	3	4	5
17	我的双唇紧闭	1	2	3	4	5
18	我的情绪很激动	1	2	3	4	5
19	我感到全身发热	1	2	3	4	5
20	我的牙齿紧咬着	1	2	3	4	5
21	我感到心里不服气	1	2	3	4	5
22	我感到很亢奋	1	2	3	4	5
23	我皱着眉头	1	2	3	4	5
24	面对对手我不甘示弱	1	2	3	4	5
25	我感到全身血流加快	1	2	3	4	5
26	我的眼睛瞪着惹我生气的人	1	2	3	4	5
27	我不想再和队友继续配合	1	2	3	4	5
28	我感到身体充满了力量	1	2	3	4	5
29	我咬着嘴唇	1	2	3	4	5

序号	我在体育竞赛中生气或愤怒时的感受	根本不	有一点	中等程度	比较强烈	非常强烈
30	我听不进去老师的指导	1	2	3	4	5
31	我感到胸腔里憋着气	1	2	3	4	5
32	我的脸又红又烫	1	2	3	4	5
33	我觉得很丢人	1	2	3	4	5
34	我的呼吸急促	1	2	3	4	5
35	我感觉不甘心	1	2	3	4	5
36	我心跳得厉害	1	2	3	4	5
37	我感觉想骂人	1	2	3	4	5
38	我感到身体紧绷着	1	2	3	4	5
39	我感到很无奈	1	2	3	4	5
40	我的注意力集中在生气这件事上	1	2	3	4	5
41	我感到紧张	1	2	3	4	5
42	我感到气愤	1	2	3	4	5
43	我想打人	1	2	3	4	5
44	我感到无法忍受	1	2	3	4	5
45	我感到大脑一片空白	1	2	3	4	5
46	我感到心里很不舒服	1	2	3	4	5
47	我想要报复	1	2	3	4	5
48	我感到愤怒	1	2	3	4	5
49	我感到很急躁	1	2	3	4	5
50	我感觉我不理智了	1	2	3	4	5
51	我听不进去别人的话	1	2	3	4	5
52	我感觉控制不住自己	1	2	3	4	5
53	我感到不冷静了	1	2	3	4	5
54	我感到很生气	1	2	3	4	5
55	我感到烦躁	1	2	3	4	5
56	我感到不满	1	2	3	4	5
57	我感到不开心	1	2	3	4	5
58	我不想再继续比赛了	1	2	3	4	5

第四部分　中学生体育竞赛状态愤怒表达分量表

指导语：下列句子描述的是中学生在体育竞赛中生气或愤怒时常有的反应。请仔细阅读每一个句子，用"√"标出与你在体育竞赛中生气或愤怒时的反应相符的数字。答案无对错之分，请你根据自己在体育竞赛中生气或愤怒时的真实情况作答。

序号	我在体育竞赛中生气或愤怒时的反应	完全不符合	基本不符合	偶尔符合	基本符合	完全符合
1	我会指责他人	1	2	3	4	5
2	我会自己打自己	1	2	3	4	5
3	我会在比赛规则允许的情况下通过身体动作发泄	1	2	3	4	5
4	我会想发火又发不出来	1	2	3	4	5
5	我会说恐吓的话	1	2	3	4	5
6	我会用力扔掉手里的器械	1	2	3	4	5
7	我会找队友倾诉	1	2	3	4	5
8	我会不想说话	1	2	3	4	5
9	我会用言语威胁让我愤怒的人	1	2	3	4	5
10	我会用器械打使我生气的人	1	2	3	4	5
11	我会三思而后行	1	2	3	4	5
12	我会一个人生闷气	1	2	3	4	5
13	我会口不择言	1	2	3	4	5
14	我会用手指着使我生气的人	1	2	3	4	5
15	我会觉得没有必要引起冲突	1	2	3	4	5
16	我会心里抱怨自己	1	2	3	4	5
17	我会变得语无伦次	1	2	3	4	5
18	我会用力跺脚	1	2	3	4	5
19	我会注意生气的场合	1	2	3	4	5
20	我会不理会队友	1	2	3	4	5
21	我会与他人争吵	1	2	3	4	5
22	我会攥紧拳头	1	2	3	4	5
23	我会注意生气的对象	1	2	3	4	5
24	我会不想听他人的劝阻	1	2	3	4	5
25	我会说脏话	1	2	3	4	5
26	我会抓扯对方头发	1	2	3	4	5
27	我会控制我的脾气	1	2	3	4	5
28	我会想一个人静一静	1	2	3	4	5

附录 Ⅲ　中学生体育竞赛状态愤怒量表（正式施测量表）

指导语：

亲爱的同学，你好！下面的量表中有一些中学生在体育竞赛中常有的感受和行为。它们分为4个部分，请注意每一部分都有不同的指导语，在填写问卷之前应仔细阅读每一部分的指导语。答案无对错之分，请仔细阅读每一个语句，然后用"√"标出你认为最符合自己真实感受的答案。调查结果将保密，仅做研究之用，请根据真实感受放心作答。非常感谢你的支持与帮助！

年龄：_____　性别：_____　学校：_____　年级：_____

近一年内参加体育竞赛的项目：_____

近一年内参加体育竞赛的级别：_____

A.全国　　　　　B.省级　　　　　C.市级　　　　　D.县区级

E.校级　　　　　F.班级　　　　　G.自发组织

第一部分　中学生体育竞赛状态愤怒应激源分量表

指导语：下面描述的是一些中学生在体育竞赛中可能发生的情况。请根据你最近一年内在体育竞赛中经历过的实际情况，用"√"标出与你在体育竞赛中使你生气或愤怒的情况相符的数字。答案无对错之分，请根据自己的真实情况作答。

序号	在体育竞赛中使我生气或愤怒的情况	没有	很轻	中等	较重	极重
1	比赛中对手拉扯我	1	2	3	4	5
2	比赛时自己发挥得不好	1	2	3	4	5
3	比赛中对手严防死守	1	2	3	4	5
4	比赛中观众向赛场内扔杂物	1	2	3	4	5
5	比赛时自己出现了失误	1	2	3	4	5
6	看到对手得分	1	2	3	4	5

序号	在体育竞赛中使我生气或愤怒的情况	没有	很轻	中等	较重	极重
7	比赛中对手恶意犯规	1	2	3	4	5
8	比赛结果和预期相差甚远	1	2	3	4	5
9	看到对方获胜	1	2	3	4	5
10	比赛中对手对我不尊重	1	2	3	4	5
11	自己在比赛中的状态不好	1	2	3	4	5
12	比分落后	1	2	3	4	5
13	比赛中对手嘲讽我（我们）	1	2	3	4	5
14	比赛中没有发挥出自己的正常水平	1	2	3	4	5
15	天气太热	1	2	3	4	5
16	比赛中对手故意挑衅我（我们）	1	2	3	4	5
17	觉得自己的身体素质差	1	2	3	4	5
18	围观的观众太多	1	2	3	4	5
19	比赛中对手对我们竖中指	1	2	3	4	5
20	觉得自己的技术水平不高	1	2	3	4	5
21	赛场噪声太大	1	2	3	4	5
22	比赛中对手对我们说脏话	1	2	3	4	5
23	觉得自己的运动能力不足	1	2	3	4	5
24	比赛场地湿滑	1	2	3	4	5
25	比赛中对手故意冲撞我	1	2	3	4	5
26	自己无法摆脱防守	1	2	3	4	5
27	比赛中对手报复我	1	2	3	4	5
28	在重要的比赛中失掉了分数	1	2	3	4	5
29	比赛中被对手肘击	1	2	3	4	5
30	比赛中出现失误	1	2	3	4	5
31	比赛中被对手推	1	2	3	4	5
32	比赛中被对手干扰	1	2	3	4	5
33	比赛中被对手推搡踢打	1	2	3	4	5
34	比赛中队友出现失误	1	2	3	4	5
35	比赛中被对手辱骂	1	2	3	4	5
36	比赛中队友不积极主动配合	1	2	3	4	5
37	看到队友被对手欺负	1	2	3	4	5
38	比赛中裁判对对手的犯规动作视而不见	1	2	3	4	5
39	裁判执裁能力不足	1	2	3	4	5
40	比赛中裁判漏判	1	2	3	4	5
41	比赛中裁判误判	1	2	3	4	5
42	比赛中裁判错判	1	2	3	4	5

序号	在体育竞赛中使我生气或愤怒的情况	没有	很轻	中等	较重	极重
43	比赛中裁判有意偏袒对手	1	2	3	4	5
44	自己的努力被否定	1	2	3	4	5
45	比赛中裁判判罚不公平	1	2	3	4	5

第二部分　中学生体育竞赛状态愤怒认知评价分量表

指导语：请回想你曾在体育竞赛中经历和体验到生气或愤怒时的情境，并用"√"标出与你当时在体育竞赛中真实的想法和感受相符的数字。答案无对错之分，请你放心作答。

序号	我在体育竞赛中愤怒时的真实想法	完全不符合	基本不符合	偶尔符合	基本符合	完全符合
1	当对手对我说报复性的话时，我觉得他是在威胁我	1	2	3	4	5
2	当我（我们）被裁判判罚时，我觉得他是在针对我（我们）	1	2	3	4	5
3	比赛输了，我认为是场地、器械影响了我（我们）的发挥	1	2	3	4	5
4	当对手冲撞我时，我觉得对手是故意的	1	2	3	4	5
5	我（我们）没有犯规，裁判却判犯规了	1	2	3	4	5
6	当对手说脏话时，我觉得他是在骂我	1	2	3	4	5
7	比赛中出现失误，我觉得是因为对手干扰	1	2	3	4	5
8	我（我们）的后台比较硬，比赛中对手竟然敢侵犯我（我们）	1	2	3	4	5
9	当对手对我做一些小动作时，我觉得他是在挑衅我	1	2	3	4	5
10	当我（我们）输掉比赛时，我认为是队友配合不好	1	2	3	4	5
11	比赛输了，我认为是队友没有认真比赛	1	2	3	4	5
12	我（我们）是训练过的，怎么能输给从未训练过的对手	1	2	3	4	5
13	当我出现失误时，我觉得对手在嘲讽我	1	2	3	4	5
14	我觉得我（我们）的名气大，却输给了不知名的对手	1	2	3	4	5
15	在比赛时，我觉得观众的叫骂是在针对我	1	2	3	4	5
16	当对方说话语气重时，我觉得他不尊重我	1	2	3	4	5

第三部分 中学生体育竞赛状态愤怒反应分量表

指导语：下面描述的是一些中学生在体育竞赛中的心情状态的句子。请仔细阅读每一个句子，用"√"标出与你在体育竞赛中生气或愤怒时的感受相符的数字。答案无对错之分，请你根据自己当时的真实感受作答。

序号	我在体育竞赛中生气或愤怒时的感受	根本不	有一点	中等程度	比较强烈	非常强烈
1	我的注意力全部集中在愤怒上	1	2	3	4	5
2	我的双唇紧闭	1	2	3	4	5
3	我的呼吸急促	1	2	3	4	5
4	我想打人	1	2	3	4	5
5	我的心跳加速	1	2	3	4	5
6	我感到无法忍受	1	2	3	4	5
7	我的表情很严肃	1	2	3	4	5
8	我感到身体发抖	1	2	3	4	5
9	我的牙齿紧咬着	1	2	3	4	5
10	我感到身体紧绷着	1	2	3	4	5
11	我感觉想要报复对方	1	2	3	4	5
12	我的眉头紧皱着	1	2	3	4	5
13	我感觉不到疼痛	1	2	3	4	5
14	我感觉我不理智了	1	2	3	4	5
15	我瞪大眼睛怒视着对方	1	2	3	4	5
16	我感到胃里不舒服	1	2	3	4	5
17	我听不进去别人的话	1	2	3	4	5
18	我会紧咬嘴唇	1	2	3	4	5
19	我感到全身发热	1	2	3	4	5
20	我感觉控制不住自己	1	2	3	4	5
21	我的脸又红又烫	1	2	3	4	5
22	我感到身体充满了力量	1	2	3	4	5
23	我感到不冷静了	1	2	3	4	5
24	我感到胸腔里憋着气	1	2	3	4	5
25	我不想再继续比赛了	1	2	3	4	5
26	我会用力跺脚	1	2	3	4	5
27	我感到心里不服气	1	2	3	4	5
28	我会攥紧拳头	1	2	3	4	5
29	我的情绪很激动	1	2	3	4	5
30	我感到很亢奋	1	2	3	4	5

第四部分　中学生体育竞赛状态愤怒表达分量表

指导语：下列句子描述的是中学生在体育竞赛中生气或愤怒时常有的反应。请仔细阅读每一个句子，用"√"标出与你在体育竞赛中生气或愤怒时的反应相符的数字。答案无对错之分，请你根据自己在体育竞赛中生气或愤怒时的真实情况作答。

序号	我在体育竞赛中生气或愤怒时的反应	完全不符合	基本不符合	偶尔符合	基本符合	完全符合
1	我会说恐吓的话	1	2	3	4	5
2	我会不想说话	1	2	3	4	5
3	我会尽量避免与人发生冲突	1	2	3	4	5
4	我会口不择言	1	2	3	4	5
5	我会一个人生闷气	1	2	3	4	5
6	我会尽量让自己不要冲动	1	2	3	4	5
7	我会质问使我生气的人	1	2	3	4	5
8	我会在心里抱怨自己	1	2	3	4	5
9	我会尽量控制我的情绪	1	2	3	4	5
10	我会和裁判争辩	1	2	3	4	5
11	我会不想理会旁人	1	2	3	4	5
12	我会尽量控制我的行为	1	2	3	4	5
13	我会说脏话骂人	1	2	3	4	5
14	我会一个人默默地躲在旁边	1	2	3	4	5
15	我会尽量克制自己的怒火	1	2	3	4	5
16	我会大声喊叫	1	2	3	4	5
17	我会把怒火压抑在心里	1	2	3	4	5
18	我会注意发怒的场合	1	2	3	4	5
19	我会自己打自己	1	2	3	4	5
20	我会把愤怒隐藏起来	1	2	3	4	5
21	我会注意发怒的对象	1	2	3	4	5
22	我会用手指使我生气的人	1	2	3	4	5
23	我会尽量理解和容忍他人的行为	1	2	3	4	5
24	我会抓扯对方头发	1	2	3	4	5
25	我尽量不去注意使我生气的人和事	1	2	3	4	5
26	我会用肘击对方	1	2	3	4	5
27	我会在比赛规则内，通过身体动作发泄怒气	1	2	3	4	5

序号	我在体育竞赛中生气或愤怒时的反应	完全不符合	基本不符合	偶尔符合	基本符合	完全符合
28	我会用屁股撅对方	1	2	3	4	5
29	我会通过调整呼吸平息怒火	1	2	3	4	5
30	我会用身体用力撞对方	1	2	3	4	5
31	我会通过放松身体平息怒火	1	2	3	4	5
32	我会推搡踢打使我生气的人	1	2	3	4	5
33	我会通过转移注意力降低愤怒	1	2	3	4	5
34	我会用拳击打对方	1	2	3	4	5
35	我会暂时离开使我愤怒的人或环境	1	2	3	4	5
36	我会质问对方	1	2	3	4	5
37	我会用力扔、砸手里的器械	1	2	3	4	5
38	我会用器械打使我生气的人	1	2	3	4	5
39	我会说脏话	1	2	3	4	5
40	我会拒绝继续参加比赛	1	2	3	4	5
41	我会拒绝和个别队友配合	1	2	3	4	5
42	我会不按要求完成动作	1	2	3	4	5
43	我会不听从老师的安排	1	2	3	4	5

附录IV　中学生体育竞赛状态愤怒量表（最终量表）

指导语：

亲爱的同学，你好！下面量表中有一些中学生在体育竞赛中常有的感受和行为。它们分为4个部分，请注意每一部分都有不同的指导语，在填写问卷之前应仔细阅读每一部分的指导语。答案无对错之分，请仔细阅读每一个语句，然后用"√"标出你认为最符合自己真实感受的答案。调查结果将保密，仅做研究之用，请根据真实感受放心作答。非常感谢你的支持与帮助！

年龄：＿＿＿＿　性别：＿＿＿＿　学校：＿＿＿＿　年级：＿＿＿＿

近一年内参加体育竞赛的项目：＿＿＿＿＿＿＿＿＿＿＿＿＿＿

近一年内参加体育竞赛的级别：＿＿＿＿＿＿＿＿＿＿＿＿＿＿

A.全国　　　　　B.省级　　　　　C.市级　　　　　D.县区级

E.校级　　　　　F.班级　　　　　G.自发组织

第一部分　中学生体育竞赛状态愤怒应激源分量表

指导语：下面描述的是一些中学生在体育竞赛中可能发生的情况。请根据你最近一年内在体育竞赛中经历过的实际情况，用"√"标出与你在体育竞赛中使你生气或愤怒的情况相符的数字。答案无对错之分，请根据自己的真实情况作答。

序号	在体育竞赛中使我生气或愤怒的情况	没有	很轻	中等	较重	极重
1	比赛中对手恶意犯规	1	2	3	4	5
2	自己无法摆脱防守	1	2	3	4	5
3	比赛中对手对我们说脏话	1	2	3	4	5
4	比赛中出现失误	1	2	3	4	5
5	比赛中对手故意冲撞我	1	2	3	4	5

序号	在体育竞赛中使我生气或愤怒的情况	没有	很轻	中等	较重	极重
6	比赛中对手报复我	1	2	3	4	5
7	比赛中被对手推搡踢打	1	2	3	4	5
8	看到队友被对手欺负	1	2	3	4	5
9	比赛中裁判判罚不公平	1	2	3	4	5

第二部分　中学生体育竞赛状态愤怒认知评价分量表

指导语：请回想你曾在体育竞赛中经历和体验到生气或愤怒时的情境，并用"√"标出与你当时在体育竞赛中真实的想法和感受相符的数字。答案无对错之分，请你放心作答。

序号	我在体育竞赛中愤怒时的真实想法	完全不符合	基本不符合	偶尔符合	基本符合	完全符合
1	当对手对我说报复性的话时，我觉得他在威胁我	1	2	3	4	5
2	比赛输了，我认为是场地、器械影响了我（我们）的发挥	1	2	3	4	5
3	我(我们)的后台比较硬,比赛中对手竟然敢侵犯我(我们)	1	2	3	4	5
4	当对手冲撞我时，我觉得对手是故意的	1	2	3	4	5
5	我（我们）没有犯规，裁判却判犯规了	1	2	3	4	5
6	我（我们）是训练过的，怎么能输给从未训练过的对手	1	2	3	4	5
7	当对手说脏话时，我觉得他是在骂我	1	2	3	4	5
8	比赛中出现失误，我觉得是因为对手干扰	1	2	3	4	5
9	当对手对我做一些小动作时，我觉得他是在挑衅我	1	2	3	4	5
10	比赛输了，我认为是队友没有认真比赛	1	2	3	4	5
11	当对方说话语气重时，我觉得他不尊重我	1	2	3	4	5

第三部分　中学生体育竞赛状态愤怒反应分量表

指导语：下面描述的是一些中学生在体育竞赛中的心情状态的句子。请仔细阅读每一个句子，用"√"标出与你在体育竞赛中生气或愤怒时的感受相符的数字。答案无对错之分，请你根据自己当时的真实感受作答。

序号	我在体育竞赛中生气或愤怒时的感受	根本不	有一点	中等程度	比较强烈	非常强烈
1	我想打人	1	2	3	4	5
2	我的心跳加速	1	2	3	4	5
3	我感到无法忍受	1	2	3	4	5

序号	我在体育竞赛中生气或愤怒时的感受	根本不	有一点	中等程度	比较强烈	非常强烈
4	我感到身体发抖	1	2	3	4	5
5	我感觉想要报复对方	1	2	3	4	5
6	我感到身体紧绷着	1	2	3	4	5
7	我感到不冷静了	1	2	3	4	5
8	我瞪大眼睛怒视着对方	1	2	3	4	5
9	我不想再继续比赛了	1	2	3	4	5
10	我的脸又红又烫	1	2	3	4	5
11	我会攥紧拳头	1	2	3	4	5

第四部分　中学生体育竞赛状态愤怒表达分量表

指导语：下列句子描述的是中学生在体育竞赛中生气或愤怒时常有的反应。请仔细阅读每一个句子，用"√"标出与你在体育竞赛中生气或愤怒时的反应相符的数字。答案无对错之分，请你根据自己在体育竞赛中生气或愤怒时的真实情况作答。

序号	我在体育竞赛中生气或愤怒时的反应	完全不符合	基本不符合	偶尔符合	基本符合	完全符合
1	我会推搡踢打使我生气的人	1	2	3	4	5
2	我会尽量控制我的行为	1	2	3	4	5
3	我会一个人生闷气	1	2	3	4	5
4	我会质问对方	1	2	3	4	5
5	我会尽量克制自己的怒火	1	2	3	4	5
6	我会不想理会旁人	1	2	3	4	5
7	我会用力扔、砸手里的器械	1	2	3	4	5
8	我会尽量不去注意使我生气的人和事	1	2	3	4	5
9	我会说脏话	1	2	3	4	5
10	我会不听从老师的安排	1	2	3	4	5

附录 V 中学生体育竞赛状态愤怒开放式问卷（学生问卷）

亲爱的同学：

你好！中学生在体育竞赛中有时会产生愤怒情绪，请你回想近一年内在参加体育竞赛的过程中生气或愤怒时的真实情况，仔细体会当时的愤怒感受，尽可能详细地回答以下问题。该问卷采用匿名方式，答案无对错之分，仅用于学术研究，请你放心填答。

非常感谢你的参与与支持！

年龄：_____ 性别：_____ 学校：_____ 年级：_____

近一年内参加体育竞赛的项目：_____

近一年内参加体育竞赛的级别：_____

A.全国　　　　　B.省级　　　　　C.市级　　　　　D.县区级

E.校级　　　　　F.班级　　　　　G.自发组织

1.在体育竞赛中使你生气或愤怒的原因有哪些？

2.当你在体育竞赛期间出现愤怒情绪时，你分别在赛前、赛中、赛后如何调节和控制自己的愤怒情绪？

3.你在平时学习和生活中是否会有意识地培养自己管理愤怒情绪的能力？如何培养？

附录Ⅵ 中学生体育竞赛状态愤怒开放式问卷（教师问卷）

尊敬的老师：

您好！中学生在体育竞赛中有时会产生愤怒情绪，请您结合您的经验就下列问题谈谈您的看法。该问卷采用匿名方式，答案无对错之分，仅用于学术研究，请您放心填答。

非常感谢您的参与与支持！

性　别：_____　年　龄：_____

所在单位：_____　工作年限：_____

授课年级：_____　授课项目：_____

1. 为了避免或降低中学生在比赛中愤怒的负面影响，您认为比赛前应采取哪些措施？

2. 当中学生在比赛中出现强烈的愤怒情绪时，您认为裁判、体育教师应如何控制和调节学生的愤怒情绪？

3. 赛后，对于仍有强烈愤怒情绪的学生，您认为应如何平复其情绪？

4. 您认为在平时的学习和训练中应如何帮助中学生很好地管理其在体育竞赛中的愤怒情绪？